新能源汽车系列教材　微课版

电动汽车充电技术

主　编　李健平
副主编　潘　浩　陈　标

北京理工大学出版社
BEIJING INSTITUTE OF TECHNOLOGY PRESS

内容提要

本书共分为七个学习情景，详细介绍了电动汽车基础知识、电动汽车充电基础、电动汽车充电设施、电动汽车充电标准、电动汽车充电系统故障排除、电动汽车充电站运营和深圳市充电运营标准等内容。在任务实施的任务工单中则对应理论知识，将新能源汽车充电系统原理及维修检查项目进行有序编排。此外，在强化实际操作的同时，对理论知识也进行了巩固，以达到理论与实践一体化教学的目的。

本书既可供广大新能源汽车行业从业者学习，也可供广大汽车专业及相关专业的高等院校、高职院校作为教材使用，并可作为相关行业的培训用书。

版权专有　侵权必究

图书在版编目（CIP）数据

电动汽车充电技术 / 李健平主编. --北京：北京理工大学出版社，2021.11（2021.12 重印）
ISBN 978-7-5763-0770-2

Ⅰ．①电… Ⅱ．①李… Ⅲ．①电动汽车-充电-高等职业教育-教材 Ⅳ．①U469.72

中国版本图书馆 CIP 数据核字（2021）第 260997 号

出版发行 / 北京理工大学出版社有限责任公司
社　　址 / 北京市海淀区中关村南大街 5 号
邮　　编 / 100081
电　　话 /（010）68914775（总编室）
　　　　　（010）82562903（教材售后服务热线）
　　　　　（010）68944723（其他图书服务热线）
网　　址 / http：//www.bitpress.com.cn
经　　销 / 全国各地新华书店
印　　刷 / 涿州市新华印刷有限公司
开　　本 / 787 毫米×1092 毫米　1/16
印　　张 / 9.5　　　　　　　　　　　　　责任编辑 / 多海鹏
字　　数 / 220 千字　　　　　　　　　　　文案编辑 / 多海鹏
版　　次 / 2021 年 11 月第 1 版　2021 年 12 月第 2 次印刷　责任校对 / 周瑞红
定　　价 / 34.00 元　　　　　　　　　　　责任印制 / 李志强

图书出现印装质量问题，请拨打售后服务热线，本社负责调换

前　言

　　面对全球范围内日益严峻的能源形势和环保压力，世界各主要汽车生产企业开始大力研发新能源汽车，将发展新能源汽车作为提高产业竞争力、占据未来汽车市场制高点的重大举措。而我国在"中国制造2025"和"十三五"等一系列规划中，也将新能源汽车列为战略新兴产业，并对新能源汽车的研发、生产、购买、充电设施等上下游相关产业，给予了强有力的政策扶持。

　　在内、外部环境的积极引领下，我国新能源汽车市场呈现出一片繁荣的景象，以北汽、比亚迪、吉利、江淮、荣威等为代表的国产厂商，大力研发推广新能源汽车自不待言。而据中国乘用车协会发布的数据显示，2021年上半年，我国新能源汽车（乘用车）累计销量达到了100.7万辆，同比增长了220.9%，这个数字已经基本追平了2020年新能源汽车的总销量（110.9万辆），可谓产、销两旺。毋庸讳言，新能源汽车这种井喷式的增长，既给汽车服务后市场带来了压力，也对汽车职业教育提出了新的挑战。

　　教材围绕新能源汽车专业的教学要求，突出职业教育特点，采用"基于工作过程"的方法编写，并在对相关职业院校教学组织方式，以及新能源汽车技术技能人才岗位特点进行调研的基础上，分析出岗位典型工作任务及充电系统常见维修项目，据此提炼行动领域。同时，为方便职业院校的多样化教学，本教材除理论知识外还增加了任务操作，即将任务工单融入其中，同时提供配套PPT课件。总体而论，本系列教材以理论知识为纲，以情景化任务为目，纲举目张地将知识和任务串联为一体。

　　本书共分为七个学习情景，详细介绍了电动汽车基础知识、电动汽车充电基础、电动汽车充电设施、电动汽车充电标准、电动汽车充电系统故障排除、电动汽车充电站运营和深圳市充电运营标准等内容。在任务实施的任务工单中则对应理论知识，将新能源汽车充电系统原理及维修检查项目进行有序编排。此外，在强化实际操作的同时，对理论知识也进行了巩固，以达到理论与实践一体化教学的目的。

本书由深圳职业技术学院李健平担任主编，深圳职业技术学院潘浩、湖南汽车工程职业技术学院陈标担任副主编，参加编写的人员还有深圳职业技术学院李占玉和张强、比亚迪汽车工业有限公司吴杨、深圳特来电新能源有限公司夏明波和刘钊等。

由于编者水平有限，书中难免有不足之处，敬请广大读者批评指正。

编　者

目　录

学习情景 1　电动汽车基础知识 ·· 001

　学习任务 1.1　电动汽车的现状和发展趋势 ··· 001
　　1.1.1　中国新能源汽车的发展 ··· 001
　　1.1.2　新能源汽车补贴政策 ·· 003
　　1.1.3　中国新能源汽车的发展趋势 ··· 003
　学习任务 1.2　电动汽车的组成 ··· 004
　　1.2.1　动力电池 ·· 004
　　1.2.2　驱动电机及控制器 ··· 009
　　1.2.3　电动空调系统 ·· 013
　学习任务 1.3　电动汽车的分类 ··· 015
　　1.3.1　纯电动汽车（BEV）·· 015
　　1.3.2　插电式混合动力汽车（PHEV）·· 016
　　1.3.3　增程式电动汽车（EREV）··· 016
　　1.3.4　燃料电池汽车（FCEV）·· 017
　　1.3.5　混合动力汽车（HEV）·· 017
　学习任务 1.4　电动汽车关键技术 ·· 018
　　1.4.1　动力电池 ·· 018
　　1.4.2　驱动三合一 ··· 020
　　1.4.3　充配电三合一 ·· 021
　学习任务 1.5　电动汽车整车结构 ·· 023
　学习任务 1.6　电动汽车总线通信系统 ·· 024
　　1.6.1　CAN 控制器 ··· 024
　　1.6.2　CAN 收发器 ··· 024

1.6.3　CAN 数据传输线 ……………………………………………………… 024
　　1.6.4　CAN 数据传输终端 …………………………………………………… 024

学习情景 2　电动汽车充电基础 ……………………………………………………… 027

学习任务 2.1　电动汽车能量补给方式 ……………………………………………… 027
　　2.1.1　电动汽车充电系统 …………………………………………………… 027
　　2.1.2　充电口端子定义 ……………………………………………………… 029
　　2.1.3　电动汽车能量补给方式 ……………………………………………… 031

学习任务 2.2　电动汽车交直流充电系统结构 ……………………………………… 034
　　2.2.1　交流充电系统的组成 ………………………………………………… 035
　　2.2.2　比亚迪 e5 车对车充电（VTOG）操作 …………………………… 038

学习任务 2.3　交流充电电路原理 …………………………………………………… 043
　　2.3.1　交流充电系统结构 …………………………………………………… 043
　　2.3.2　比亚迪 e5 交流充电工作原理 ……………………………………… 044
　　2.3.3　比亚迪 e5 车辆放电工作原理 ……………………………………… 047

学习任务 2.4　直流充电电路原理 …………………………………………………… 050
　　2.4.1　直流充电系统结构 …………………………………………………… 050
　　2.4.2　直流充电口结构 ……………………………………………………… 051
　　2.4.3　直流充电工作原理 …………………………………………………… 051

学习任务 2.5　电动汽车换电模式 …………………………………………………… 059
　　2.5.1　电动汽车换电模式的发展历史及现状 ……………………………… 059
　　2.5.2　换电技术的存在问题 ………………………………………………… 061
　　2.5.3　换电模式未来发展趋势 ……………………………………………… 063

学习任务 2.6　电动汽车无线充电技术 ……………………………………………… 064
　　2.6.1　什么是无线充电技术 ………………………………………………… 064

学习情景 3　电动汽车充电设施 ……………………………………………………… 065

学习任务 3.1　电动汽车充电站介绍 ………………………………………………… 065
　　3.1.1　充电站简介 …………………………………………………………… 065
　　3.1.2　充电操作注意事项 …………………………………………………… 066

学习任务 3.2　直流充电桩 …………………………………………………………… 066
　　3.2.1　直流充电桩介绍 ……………………………………………………… 066
　　3.2.2　直流充电桩发展趋势 ………………………………………………… 067
　　3.2.3　直流充电桩故障汇总及处理方法 …………………………………… 069
　　3.2.4　直流充电桩停机故障代码及说明（鸿嘉利直流充电桩）………… 070

学习任务 3.3　交流充电桩 …………………………………………………………… 073
　　3.3.1　交流充电桩介绍 ……………………………………………………… 073
　　3.3.2　比亚迪壁挂式交流充电桩介绍 ……………………………………… 074
　　3.3.3　比亚迪壁挂式交流充电桩安装注意事项 …………………………… 075

3.3.4 比亚迪壁挂式交流充电桩不规范示例 ·················· 075
3.3.5 交流充电桩停机故障代码及说明（鸿嘉利交流充电桩） ·················· 076
3.3.6 比亚迪壁挂式交流充电桩案例分析 ·················· 076
3.3.7 交流充电站故障判断 ·················· 078
学习任务 3.4 电动汽车换电站 ·················· 078
3.4.1 电动汽车换电技术 ·················· 078
3.4.2 电池更换技术 ·················· 079
3.4.3 电动汽车充换电站需求分析 ·················· 080

学习情景 4　电动汽车充电标准 ·················· 082

学习任务 4.1 电动汽车充电连接器标准 ·················· 082
4.1.1 国外充电连接器标准 ·················· 082
4.1.2 国内充电连接器标准 ·················· 084
学习任务 4.2 交流充电标准 ·················· 085
4.2.1 交流充电国家标准 ·················· 085
4.2.2 交流充电工作过程 ·················· 087
学习任务 4.3 直流充电标准与工作过程 ·················· 088
4.3.1 直流充电标准 ·················· 088
4.3.2 直流充电原理与协议 ·················· 090
4.3.3 直流充电报文介绍 ·················· 094

学习情景 5　电动汽车充电系统故障排除 ·················· 097

学习任务 5.1 电动汽车充电系统安装更换及维护 ·················· 097
5.1.1 充电口保养规范 ·················· 097
学习任务 5.2 交流充电系统故障检测与排除 ·················· 100
学习任务 5.3 直流充电系统故障检测与排除 ·················· 104

学习情景 6　电动汽车充电站运营 ·················· 109

学习任务 6.1 充电站系统功能 ·················· 109
6.1.1 电动汽车充电站变配电系统 ·················· 109
6.1.2 电动汽车充电站充电设施 ·················· 110
6.1.3 电动汽车充换电站动力电池调度系统 ·················· 113
6.1.4 电动汽车充电站监控系统 ·················· 114
学习任务 6.2 充电运营服务系统 ·················· 116
6.2.1 电动汽车充电站运营管理系统 ·················· 116
6.2.2 电动汽车充电站运营管理 ·················· 120
6.2.3 基于云平台的充电站管理网络 ·················· 123
学习任务 6.3 充电站建设规范要求 ·················· 127
6.3.1 电动汽车充电站建设方案应遵循的标准规范 ·················· 127

6.3.2　电动汽车充电站的建设类型 …………………………………………… 128
　　6.3.3　电动汽车充电站分类及配置 …………………………………………… 128
　　6.3.4　电动汽车充电站的充电设备配置原则 ………………………………… 130
学习任务6.4　充电站建站分析 …………………………………………………………… 131
　　6.4.1　充电站建设政策支持 …………………………………………………… 131

学习情景7　深圳市充电运营标准 …………………………………………………… 132

学习任务7.1　充电运营平台数据接入标准 ……………………………………………… 132
　　7.1.1　深圳市充电运营平台概述 ……………………………………………… 132
　　7.1.2　充电运营平台接口 ……………………………………………………… 133
学习任务7.2　机械式停车场充电系统安装标准 ………………………………………… 136
　　7.2.1　基本要求 ………………………………………………………………… 136
　　7.2.2　安全管理与日常检巡查 ………………………………………………… 140

参考文献 ……………………………………………………………………………… 142

学习情景 1
电动汽车基础知识

学习任务 1.1　电动汽车的现状和发展趋势

1.1.1　中国新能源汽车的发展

2009 年由科技部、财政部、发改委、工业和信息化部启动"十城千辆"工程,全称为"十城千辆节能与新能源汽车示范推广应用工程",即通过提供财政补贴,计划用 3 年左右时间,每年发展 10 个城市,每个城市推出 1 000 辆新能源汽车开展示范运行,涉及这些大中城市的公交、出租、公务、市政、邮政等领域,力争使全国新能源汽车的运营规模到 2012 年占到汽车市场份额的 10%。

首次确定参与"十城千辆"工程的城市有 13 个,分别是:北京、上海、重庆、长春、大连、杭州、济南、武汉、深圳、合肥、长株潭、昆明、南昌。第二批确定参与的城市有 7 个,分别是:天津、海口、郑州、厦门、苏州、唐山、广州。第三批确定参与的城市有 5 个,分别是:沈阳、成都、呼和浩特、南通、襄樊。2012 年年底,"十城千辆" 3 年示范运营期结束。2012 年 12 月,科技部、财政部、发改委、工业和信息化部各部委组织专家对 25 个示范城市(包括 6 个开展私人购买新能源汽车试点城市)进行了验收,验收工作主要依据国家对示范工作的要求及四部委批复的各城市实施方案,对相关工作展开实地检查。经过核实,截至 2012 年年底,25 个示范城市共推广各类示范车辆 27 432 辆,其中公共服务领域各类车辆 23 032 辆,私人购买新能源汽车 4 400 辆。

节能与新能源汽车重大项目监理组组长王秉刚认为,通过"十城千辆"工程,我国新能源汽车示范推广数量得到快速增长;混合动力公交车数量多、成效显著;纯电动乘用车数量明显增长,商业模式获得多方探索;政策适时跟进,扩大了混合动力公交车示范范围,技术创新工程启动;企业研发与产业化投入加大。

借助 2011 年"大运会",深圳新能源汽车(图 1-1)得到大力推广,示范车辆种类众多,各类示范运行车辆数量达到 3 452 辆,累计行驶里程超过 3.5 亿 km,并涌现出以五洲龙、比亚迪为代表的新能源汽车及相关配套企业,新能源汽车产业得到极大发展,并在市场推广中形成"深圳模式"。

图 1-1　2011 年"大运会"深圳新能源汽车

为了解决公交公司无资金、买车难的问题,深圳市采取了由中国普天信息产业集团公司出面担保,公交公司向交通银行下属的金融租赁公司贷款支付新能源购车费用的方式。政府则将同样行驶里程下的燃油汽车所需运营费用直接转入普天账户,帮助公交公司先实现新能源公交车的购置,即"融资租赁"。融资租赁解决了公交公司前期无法一次性支付巨额购置资金的问题,然后再用"车电分离"的方式实现公交公司新能源车辆的更新。"车电分离"即公交公司支付新能源公交车的裸车价格,剩余的电池费用由中国普天支付,分离车辆和电池的所有权,进一步降低公交公司的购车成本。在运营过程中采用"充维结合"的运营模式,充维服务商进行动力电池购置投入,并对新能源车辆进行充电、动力电池的维护和回收,向公交企业提供充维服务,充维服务总成本原则上不高于同类燃油车辆的燃油成本。"融资租赁、车电分离、充维结合"的"深圳模式"有效解决了新能源汽车一次性构成成本高的压力,让深圳公交实现了新能源汽车运营。同时,由比亚迪和深圳巴士联合组成的国内首个纯电动出租车公司也拉开了新能源汽车生产企业介入新能源汽车市场运营的序幕,打开了新能源汽车尤其是纯电动汽车在出租车领域的市场。预计到 2025 年,全国新能源汽车销量将突破 530 万辆,新能源汽车销量规模如图 1-2 所示。

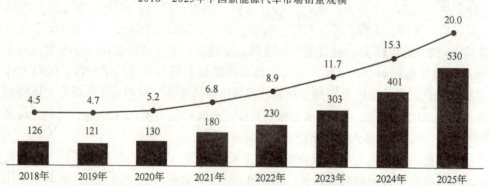

图 1-2　新能源汽车销售规模

1.1.2 新能源汽车补贴政策

2020年4月23日，财政部、工业和信息化部、科技部、发改委发布了《关于完善新能源汽车推广应用财政补贴政策的通知》（简称《通知》）。此次《通知》综合技术进步、规模效应等因素，将新能源汽车推广应用财政补贴政策实施期限延长至2022年年底，平缓补贴退坡力度和节奏，原则上2020—2022年补贴标准分别在上一年基础上退坡10%、20%、30%，原则上每年补贴规模上限约200万辆。

从2020年的乘用车补贴调整方案来看，新的补贴方案对整车的续航里程、能量消耗等指标提出了更高的要求。相比于2019年纯电动乘用车补贴方案，2020年方案中续航里程最低档从250 km调整为300 km（根据纯电动乘用车能耗水平设置调整系数）。按整车整备质量（m）不同，工况条件下百公里耗电量（Y）应满足以下门槛条件：当 $m \leqslant 1\,000$ 时，$Y=0.011\,2 \times m+0.4$；当 $1\,000<m \leqslant 1\,600$ 时，$Y=0.007\,8 \times m+3.8$；当 $m>1\,600$ 时，$Y=0.004\,4 \times m+9.24$。比门槛提高0%（含）~10%的车型按0.8倍补贴，提高10%（含）~25%的车型按1倍补贴，提高25%（含）以上的车型按1.1倍补贴。与2019年相比，由于耗电量公式略有调整，考虑调整因素，计算指标要求略上升了5%左右，可以说变化不大；其他参数要求与2019年相同。补贴额度上，调整幅度与《通知》要求的退坡10%相仿。

1.1.3 中国新能源汽车的发展趋势

国家、地方政策双轮驱动，持续推动新能源汽车发展浪潮。新能源汽车产业已上升至国家发展战略的高度，成了不可逆的发展方向。2020年，国家出台多项政策鼓励新能源汽车发展，降低了新能源企业的进入门槛，提高了产品要求，完善了强制性标准，延长了新能源汽车财政补贴。2020年10月，国务院常委会会议通过了《新能源汽车产业发展规划（2021—2035年）》，为未来15年的发展打下了坚实的基础。同时，地方层面也纷纷出台政策鼓励新能源汽车消费。国家与地方的政策体系逐渐成形，给予了新能源汽车行业发展极大的支持，预计未来5年内政策扶持仍然将发挥不可或缺的作用。

2020年6月22日，工业和信息化部等有关部门正式发布《关于修改〈乘用车企业平均燃料消耗量与新能源汽车积分并行管理办法〉的决定》，其中明确2021—2023年新能源汽车积分比例考核要求分别为14%、16%、18%，新政策从2021年1月1日起执行。

2020年11月2日，国务院办公厅印发了《新能源汽车产业发展规划》，提出了到2025年新能源汽车新车销售量达到汽车新车销售总量的20%左右的发展愿景。在此愿景下，新政策有望持续出台以推动新能源汽车行业快速发展。同时未来几年也将迎来新的换购周期，大量国3、国4排放标准的车辆也将面临更新换代，部分限购城市新能源汽车或将存在较大发展空间。若未来行业的发展可以与充电基础设施建设、资本投入、国家与地方政策相结合，则到2025年我国新能源汽车销量有望达到530万辆，届时新能源汽车保有量将在2 000万辆左右。2020年度新能源汽车产业部分相关政策概述如图1-3所示。

国家层面	地方层面

国家层面：

▶ 2020.07—《工业和信息化部关于修改新能源汽车企业及产品准入管理规定的决定》：删除生产企业准入有关"设计开发能力"的要求；停止生产的时间由12个月调整为24个月；删除有关新能源汽车生产企业申请准入的过渡临时条款。

▶ 2020.06—《关于修改乘用车企业平均燃料消耗量与新能源汽车积分并行管理办法的决定》：完善量新能源汽车积分灵活措施，以降低积分供需失衡风险，保障积分价格。

▶ 2020.05—《关于实施电动汽车强制性国家标准的通知》：发布了《电动汽车安全要求》《电动客车要求》《电动汽车用动力蓄电池安全要求》三项强制性国家标准。

▶ 2020.04—《关于完善新能源汽车推广应用财政补贴政策的通知》：将新能源汽车推广应用财政补贴政策实施期限延长至2022年年底，提高了整车耗能和纯电动续航里程门槛。

▶ 2020.02—《智能汽车创新发展战略》：到2025年实现有条件自动驾驶的智能汽车达到规模化生产。

▶ 2020.01—《新能源汽车废旧动力蓄电池综合利用行业规范条件（2019年）》：规定了技术、装备和工艺的总体要求。

地方层面：

▶ 北京市—《关于一次性增发新能源小客车指标配置办法的通告》：本年度一次性增发2万个新能源小客车指标，全部向符合条件的家庭配置。

▶ 四川省—《四川省支持新能源与智能汽车产业发展若干政策（征求意见稿）》：新获批的国家级制造业创新中心，按照国家支持建设资金的一定比例给予专项奖补。

▶ 天津市—《天津市促进汽车消费若干措施的通知》：放宽京、冀户籍以外的非本市户籍人员参与小客车个人增量指标竞价条件，并给予新能源小客车充电补助。

▶ 上海市—《消费者购买新能源汽车充电补助实施细则》：对符合申领条件的消费者，给予5 000元充电补助。

▶ 江西省—《江西省新能源公交车推广应用实施方案（2020—2022）》：到2022年年末，实现全省新增与更换公交车中新能源公交车的比例重达92%。

▶ 海南省—《海南省清洁能源汽车推广2020年行动计划》：今年全省各级党政机关、国有企事业单位新增和更换的公务车除特殊用途车辆外，要100%使用新能源汽车。

数据来源：中国政府网、工业和信息化部、财政部、各地方政府网站

图 1-3　2020 年度新能源汽车产业部分相关政策概述

学习任务 1.2　电动汽车的组成

1.2.1　动力电池

动力电池是指为交通运输工具提供动力的电池，动力电池正极材料有钴酸锂、锰酸锂、磷酸铁锂和镍钴锰酸锂等，负极主要由碳锡基、硅基合金类组成。锂离子电池结构基本相同，主要由电池正极、负极、隔板、电解液和安全阀等组成。典型的锂电池结构组成如图 1-4 所示。

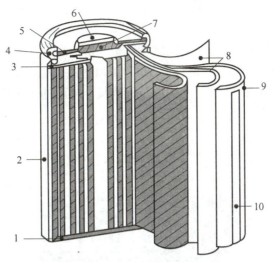

图 1-4 典型的锂电池结构组成

1、3—绝缘板；2—蓄电池外壳；4—垫片；5—PTC 元件；6—正极接线柱；
7—保护阀（安全阀）；8—隔膜板；9—负极（碳材料）；10—负极引线

目前新能源汽车所搭载的动力电池分为圆柱型、方型、软包型。电池规格型号是由英文字母、数字叠加表示，代表电池的类别及外部尺寸。如图 1-5 所示的圆柱 18650B 电池规格如下：18 代表电池的直径；65 代表电池的高度；0 代表圆柱形电池；B 代表 B 品电池。

图 1-5 18650B 三元锂电池

如图 1-6 所示的方型 623835AR/AL 规格如下：62 代表电池的厚度，38 代表电池的高度，35 代表电池的长度，A 代表 A 品电池，R 代表圆角电池，L 代表直角电池。

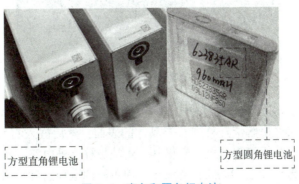

图 1-6 直角和圆角锂电池

1. 磷酸铁锂电池

磷酸铁锂电池结构如图1-7所示,比亚迪磷酸铁锂电池外观如图1-8所示。磷酸铁锂电池左边是橄榄石结构的 $LiFePO_4$ 作为电池的正极,由铝箔与电池正极连接,中间边是聚合物的隔膜,它把正极与负极隔开,但锂离子 Li^+ 可以通过而电子 e^- 不能通过,右边是由碳(石墨)组成的电池负极,由铜箔与电池的负极连接。电池的上下端之间是电池的电解质,电池由金属外壳密闭封装。

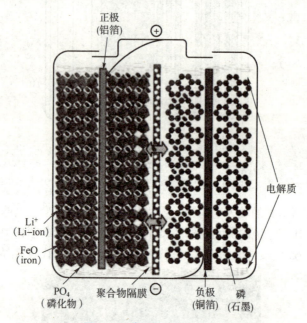

图1-7 磷酸铁锂电池结构

图1-8 比亚迪磷酸铁锂电池外观

电池充电时,Li^+ 从磷酸铁锂晶体的010面迁移到晶体表面,在电场力的作用下,进入电解液,穿过隔膜,再经电解液迁移到石墨晶体的表面,然后嵌入石墨晶格中。与此同时,电子经导电体流向正极的铝箔集电极,经极耳、电池极柱、外电路、负极极柱、负极耳流向负极的铜箔集流体,再经导电体流到石墨负极,使负极的电荷达到平衡。

电池放电时,Li^+ 从石墨晶体中脱嵌出来,进入电解液,穿过隔膜,再经电解液迁移到磷酸铁锂晶体的表面,然后重新经010面嵌入到磷酸铁锂的晶格内。与此同时,电流经导电体流向负极的铜箔集电极,经极耳、电池负极柱、外电路、正极极柱、正极极耳流向电池正极的铝箔集流体,再经导电体流到磷酸铁锂正极,使正极的电荷达至平衡。

(1)磷酸铁锂电池优点。

①安全性能相对较好:即使在高温、针刺或短路测试时也不易发生爆炸,但使用超过自身放电电压数倍的高压充电时依然会发生爆炸;高温性能好,热峰值350 ℃~500 ℃不分解。

②能量密度适中:成组后能量密度比为150(W·h)/kg。

③环保:不含重金属与稀有金属,无毒、无污染。

④寿命改善:充、放电循环次数在2 000次以上。

(2)磷酸铁锂电池缺点。

①振实密度低:与电池的比容量、效率、内阻,以及电池循环性能有密切的关系。

②低温性能差:温度低于0 ℃时充不了电,同时电池的可用容量较低。

③一致性较差:动力电池在使用一段时间后电池电压出现高低不一致。

2. 三元锂电池

三元锂电池指的是镍钴锰酸锂或者镍钴铝酸锂作为正极材料的锂电池。特斯拉汽车采用的18650三元锂电池外观及电池组如图1-9所示。

图1-9 特斯拉18650三元锂电池外观及电池组

(1)磷酸铁锂电池优点。

①电压平台高:电压平台是电池能量密度的重要指标,决定电池的效能和成本。电压平台越高,比容量越大,同样体积、重量,甚至同样容量的电池,电压平台比较高的三元材料锂电池续航里程更远。如松下三元锂电池单体标称电压为3.7 V、比亚迪三元锂电池单体标称电压为3.6 V。

②能量密度比高:电池能量密度=电池容量×放电平台/电池厚度/电池宽度/电池长度,基本单位为(W·h)/kg[(瓦·时)/千克]。电池的能量密度越大,单位体积内存储的电量越多。

③振实密度高:与电池的比容量、效率、内阻,以及电池循环性能有密切的关系。

(2)磷酸铁锂电池缺点。

①耐高温性差:三元电池热稳定性差,大约在200 ℃时电池会分解,并释放氧气,加剧燃烧反应。

②寿命差:电池循环充电次数在700次左右开始出现电池衰减。

③大功率放电差:最大持续放电倍率为1C。

注释:电池充放电倍率用C表示。充放电倍率C=充放电电流/额定容量。例如:1C的电流，从满电到放电截止是 $1/1=1$ (h)；$2C=1/2$ (h)，即 30 min。

任务操作

1. 任务准备

安全防护：电池实训场地安全防护与隔离。

工具设备：多种类型电池、万用表、笔记本电脑。

车辆：无。

辅助资料：教材、实训工作页。

2. 实施任务

1) 单体电池的识别

完成表 1-1 内容的填写。

表 1-1 单体电池的识别

电池图片	电池类型	电池特点

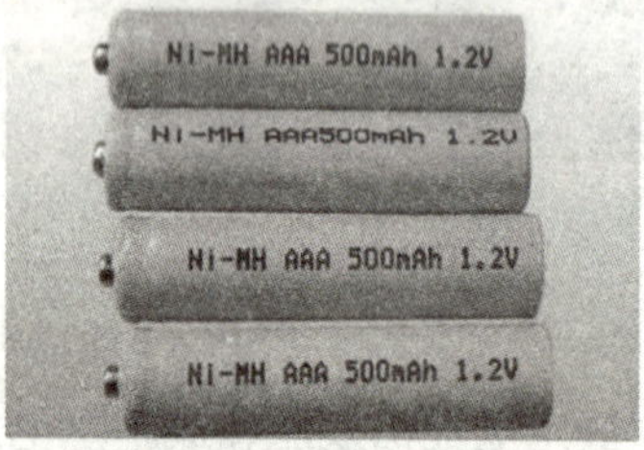		

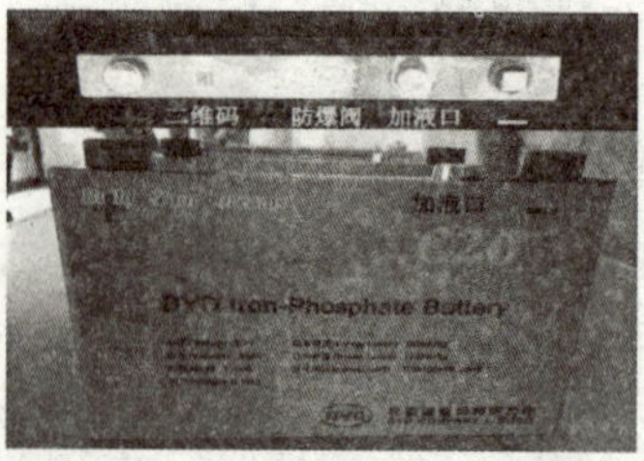		

续表

电池图片	电池类型	电池特点
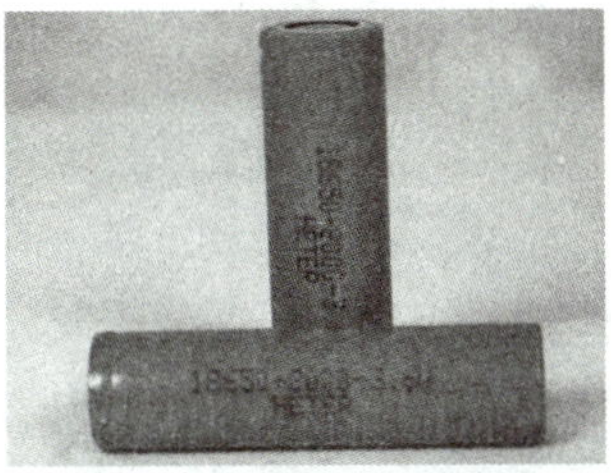		

2）主流动力电池的识别

完成表 1-2 内容的填写。

表 1-2　主流动力电池的识别及特点

动力电池组	电池类型及特点	应用车型

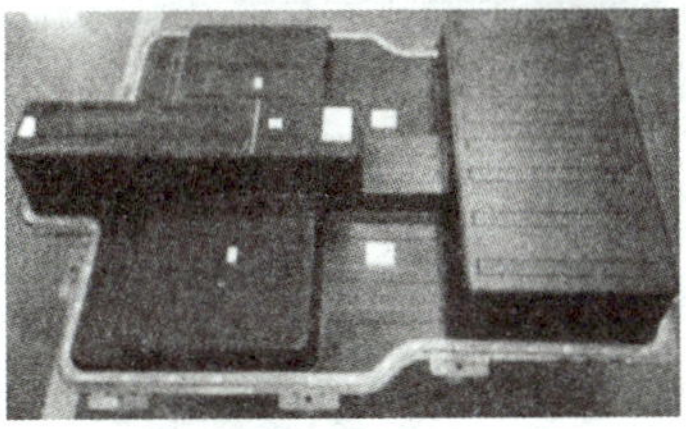		

1.2.2　驱动电机及控制器

纯电动汽车是完全用电动机来取代发动机驱动的，在先进的交流电动机的控制和驱动下，现代电动汽车的动力性能远远超过了不少大排量内燃机。电动机可在相当宽广的速度范围内高效地产生转矩，电动车只需要单级减速齿轮就可以驱动车辆，且高度电气化的控制系统，电动机响应速度快，更容易全时实现四驱系统。比亚迪三合一驱动系统如图1-10所示。

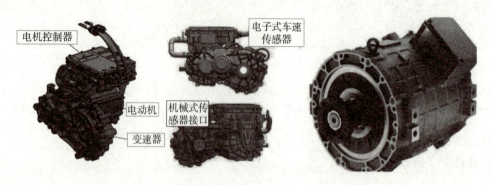

图1-10　比亚迪三合一驱动系统

电力驱动控制系统是电动车的神经中枢，它将驱动电机、动力电池和其他辅助系统互为连接并且加以控制。电力驱动控制系统按工作原理可划分为车载充电机、电机控制器和辅助模块三大部分。中央控制单元根据加速、制动、挡位、旋变、温度等的输入信号，向驱动控制器发出相应的控制指令，对电动机进行起动、加速、减速、制动能量回收。驱动控制器的功能是按中央控制单元的指令和电动机的速度、电流反馈信号，对电动机的速度、驱动转矩和旋转方向进行控制。比亚迪高压电控总成如图1-11所示。

图1-11　比亚迪高压电控总成

1. 永磁同步电动机

永磁，是指在制造电动机转子时加入永磁体，使电动机的性能得到进一步的提升；同步，则指的是转子的转速与定子绕组的电流频率始终保持一致。因此，可通过控制电动机的定子绕组输入电流频率来控制电动汽车的车速。

永磁同步电动机的优点：具有较高的功率密度与转矩密度，相比于其他种类的电动机，在相同的质量与体积下，永磁同步电动机能够为新能源汽车提供最大的动力输出与加速度。新能源汽车行业对空间与自重要求极高，因此新能源汽车企业优先选择永磁同步电动机作为汽车动力源。比亚迪汽车采用的永磁同步电动机总成如图1-12所示。

图1-12 比亚迪永磁同步电动机总成

2. 旋转变压器

旋转变压器（简称旋变）是一种输出电压随转子转角变化的信号元件。当励磁绕组以一定频率的交流电压励磁时，输出绕组的电压幅值与转子转角成正、余弦函数关系，这种旋转变压器又称为正余弦旋转变压器；旋变信号通过硬线信号到电动机控制系统后解码转换成车速。旋转变压器的作用：检测电动机的转速、旋转方向（正转或反转）、电动机位置（旋转角度），如果旋变信号失效或丢失，车辆将无法起动，相当于发动机上的曲轴位置传感器。旋转变压器由旋变线圈、信号盘组成。温度传感器埋在电动机线圈（定子）里，用以检测电动机三相线圈温度，防止电动机过热造成永磁体失磁。比亚迪永磁同步电动机旋转变压器结构如图1-13所示。

图1-13 比亚迪永磁同步电动机旋转变压器结构

3. 单挡变速器

比亚迪单挡变速器（图1-14）只是一套与电动机相固连的减速齿轮机构，没有离合器和挂挡机构。电动机转动，车辆必然起动；车辆行驶，不管是否为空挡，电动机也一定是转动的；车辆前进或倒退是通过控制电动机的正、反转来实现的；车辆行驶速度的变化是通过控制电动机的转速来实现的。

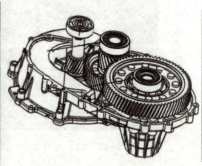

图1-14　比亚迪单挡变速器

 任务操作

1. 任务准备

安全防护：电动机实训场地安全防护与隔离。

工具设备：万用表、绝缘电阻测试仪、笔记本电脑。

车辆：2018款比亚迪e5和2019款比亚迪e5。

辅助资料：教材、实训工作页。

2. 实施任务

对永磁同步电动机进行检测，并完成表1-3中的内容。

表1-3　永磁同步电动机检测

2018/2019款比亚迪e5	旋变线圈阻值	相间电阻阻值	温度传感器阻值	绝缘电阻阻值

1.2.3 电动空调系统

比亚迪电动空调系统由电动压缩机、冷凝器、HVAC 总成、制冷管路、由 PTC 水加热器总成、空调电子水泵、暖风水管、风道、电子膨胀阀、温度压力传感器、压力传感器、空调控制器等零部件组成,具有制冷、采暖、除霜除雾、通风换气四种功能。比亚迪 e5 电动空调系统组成如图 1-15 所示。

比亚迪 e5 电动空调系统的特点:

(1) 具有电动压缩机模块。
(2) 具有 PTC 水加热模块。
(3) 制热系统能够独立进行水循环,并有单独的储水壶。
(4) 具有电子膨胀阀、压力传感器(高压管路)和温度压力传感器(低压管路)。
(5) 需加注 R410a 冷媒(加注量为 430 g)和 POE 冷冻油(加注量 135 mL)。

图 1-15 比亚迪 e5 电动空调系统

1. 制冷系统

制冷系统由电动压缩机(额定功率 2 kW)、电子膨胀阀、温度压力传感器、压力传感器、蒸发器以及鼓风机等组成;系统工作时,高压压力为 2.0~3.0 MPa,低压压力为 0.5~1 MPa。比亚迪 e5 电动空调压缩机外观如图 1-16 所示,电动空调制冷系统原理如图 1-17 所示。

图 1-16 比亚迪 e5 电动空调压缩机外观

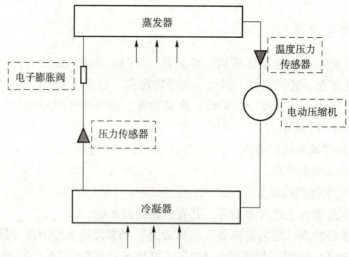

图 1-17　比亚迪 e5 电动空调制冷系统原理

2. 制热系统

电动空调制热系统采用 PTC 水加热模块（额定功率 6 kW），由 PTC 加热冷却液。冷却液先由电子水泵抽取暖风系统储水壶总成内的冷却液，泵进 PTC 水加热器总成，加热后的冷却液流经暖风芯体，再回至空调暖风副水箱总成，如此循环。加热后的空气，通过鼓风机鼓风将热量送至乘员舱或风窗玻璃，用以提高车厢内的温度和除霜。比亚迪 e5 电动空调制热系统工作原理如图 1-18 所示。

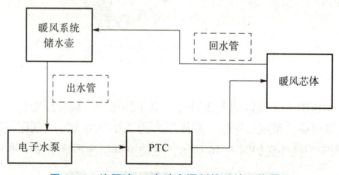

图 1-18　比亚迪 e5 电动空调制热系统工作原理

任务操作

1. 任务准备

安全防护：整车实训场地安全防护与隔离。
工具设备：便笺纸、工具套装。
车辆：比亚迪 2019 款 e5。
辅助资料：教材、实训工作页。

2. 实施任务

列出图 1-19 中各部件的名称。

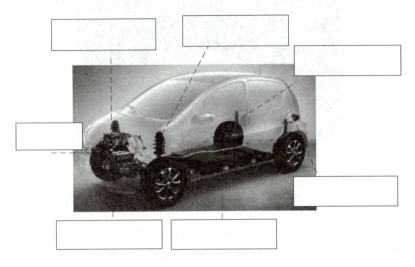

图 1-19　部件名称

学习任务 1.3　电动汽车的分类

清洁能源汽车可分为新能源汽车和节能汽车两大类，本书只讲述新能源汽车。新能源汽车可分为纯电动汽车（BEV）、插电式混合动力汽车（PHEV）、增程式电动汽车（EREV）和燃料电池汽车（FCEV）等，如图 1-20 所示。

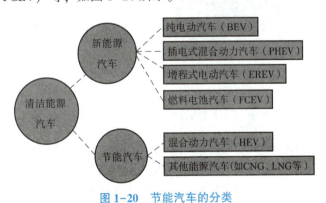

图 1-20　节能汽车的分类

1.3.1　纯电动汽车（BEV）

纯电动汽车（Battery Electric Vehicle，简称 BEV）是完全由可充电电池（如铅酸电池、镍镉电池、镍氢电池或锂离子电池）提供动力源的汽车。目前主流的纯电动汽车搭载的动力电池为磷酸铁锂电池（刀片电池）和三元锂电池（镍钴锰 NCM811/622/523 和镍钴铝两种)。纯电动汽车透视图如图 1-21 所示。

图 1-21　纯电动汽车透视图

1.3.2　插电式混合动力汽车（PHEV）

插电式混合动力汽车（Plug-in Hybrid Electric Vehicle，简称 PHEV）是介于纯电动汽车与燃油汽车之间的一种新能源汽车，既有传统汽车的发动机、变速器、传动系统、油路、油箱，也有纯电动汽车的电池、电动机和控制电路，而且电池容量比较大，有充电接口；它综合了纯电动汽车和混合动力汽车的优点，既可实现纯电动、零排放行驶，也能通过混动模式增加车辆的续驶里程。宝马插电式混合动力汽车结构如图 1-22 所示。

图 1-22　宝马插电式混合动力汽车结构

1.3.3　增程式电动汽车（EREV）

增程式电动汽车（Extended-Range Electric Vehicles，简称 EREV）整车运行模式可根据需要工作于纯电动模式、增程模式或混合动力模式（HEV）。电动机直接驱动车辆，发动机不参与驱动，无离合器、变速箱等机械装置。当电池电量不足时，发动机用来发电，为电池充电，且工作在最佳转速区间，电池再为直接驱动车辆的电动机提供能量，是为增程模式。增程式电动汽车电池容量一般可供车辆纯电行驶几十公里，其电池除了可由发动机来充电外，也可像插电混合动力汽车一样，接入外部电源充电。增程式电动汽车结构如图 1-23 所示，其节能原理如下：

（1）外部电源为电池充电提供一部分纯电里程。

（2）增程模式下，发动机一直工作在最佳转速区间，且无频繁起停，效率高，达到节能目的。

（3）车辆在减速或滑行时电机能量可回收。

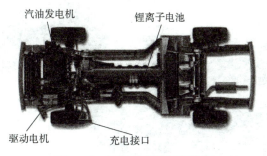

图1-23 增程式电动汽车结构

1.3.4 燃料电池汽车（FCEV）

燃料电池汽车（Fuel cell vehicles，简称FCEV）是一种用车载燃料电池装置产生的电力作为动力的汽车，如图1-24所示。车载燃料电池装置所使用的燃料为高纯度氢气或含氢燃料经重整所得到的高含氢重整气。燃料电池是一种不燃烧燃料而直接以电化学反应方式将燃料的化学能转变为电能的高效发电装置。

发电的基本原理：电池的阳极（燃料极）输入氢气（燃料），氢分子（H_2）在阳极催化剂的作用下被离解成为氢离子（H^+）和电子（e^-），H^+穿过燃料电池的电解质层向阴极（氧化极）方向运动，e^-因通不过电解质层而由一个外部电路流向阴极；在电池阴极输入氧气（O_2），氧气在阴极催化剂的作用下离解成为氧原子（O），与通过外部电路流向阴极的e^-和燃料穿过电解质的H^+结合生成稳定结构的水（H_2O），完成电化学反应放出热量。这种电化学反应与氢气在氧气中发生的剧烈燃烧反应是完全不同的，只要阳极不断输入氢气，阴极不断输入氧气，电化学反应就会连续不断地进行下去，e^-就会不断地通过外部电路流动形成电流，从而连续不断地向汽车提供电力。

图1-24 燃料电池汽车

1.3.5 混合动力汽车（HEV）

混合动力汽车，指油电混合动力汽车（Hybrid Electric Vehicle，简称HEV），即采用传统的内燃机（柴油机或汽油机）和电动机作为动力源，也有的发动机经过改造可使用其他替代燃料，例如压缩天然气、丙烷和乙醇燃料等。丰田混合动力汽车结构如图1-25所示。

图 1-25 丰田混合动力汽车结构

学习任务 1.4 电动汽车关键技术

1.4.1 动力电池

2009 年由科技部、财政部、发改委、工业和信息化部启动"十城千辆"工程,全称为"十城千辆节能与新能源汽车示范推广应用工程"。由深圳市最早推行的新能源公交车搭载的动力电池是由铅酸动力电池和两块超级电容组成的。铅酸动力电池的放电倍率小,车辆在爬坡时的大电流放电容易引起铅酸动力电池鼓包,车辆运营效率很低。铅酸动力电池和超级电容外观如图 1-26 所示。

图 1-26 铅酸动力电池和超级电容外观
(a) 铅酸动力电池;(b) 超级电容

借助 2011 年"大运会",深圳市新能源汽车得到大力推广,示范车辆种类众多,各类示范运行车辆数量达到 3 452 辆。此批次车辆的动力电池由原来的铅酸动力电池更换为深圳沃特玛生产的磷酸铁锂电池,如图 1-27 所示。磷酸铁锂电池支持 $3C$ 充、放电倍率,但由于其技术相对于比亚迪的铁电池有相当大的差距,因此沃特玛生产的磷酸铁锂动力电池故障率极高,造成车辆停场维修的时间过长。

图 1-27　沃特玛 32650 磷酸铁锂电池

2017 年全国新能源应用推广城市实行新的补贴制度，电动汽车续航里程≥300 km 可以拿到 6.6 万元（深圳地区：国家 4.4 万元+地方 2.2 万元）的购置补贴。主机厂为了拿到更多的国家补贴和降低动力电池的成本，将原有的磷酸铁锂电池更换为三元锂电池。最具代表的动力电池是宁德时代生产的镍钴锰三元锂电池（NCM811），如图 1-28 所示。由于 NCM811 减少了钴的用量，大幅降低了电池的价格，因此大部分车企搭载 NCM811 作为动力电池。

注释：NCM811 电池指的是三元锂电池正极材料中镍、钴、锰三种金属元素比例为 8∶1∶1 的电池，与常见的 NCM523 和 NCM622 电池相比，提高了镍的含量，同时降低了钴和锰的量。镍的比例增高，能够增加能量密度，但也带来了更加激烈的电化学反应，会影响电池的安全性能。

图 1-28　宁德时代 NCM811 三元锂电池

由于宁德时代的高镍三元锂电池会产生激烈的电化学反应，因此需要提升电池管理系统的安全管控，留出更多的冗余备份来保障整个动力电池系统的安全。在 2019 年和 2020 年期间，搭载高镍电池的新能源汽车出现了多起电池起火事故，故由蜂巢新能源全新打造的无钴电池（图 1-29）问世。

图 1-29　蜂巢新能源无钴电池

1.4.2 驱动三合一

目前市场上大部分电动车型的动力总成都采用了分体式设计,即电机控制器与电机和减速器各自分离,这就导致动力系统部件多,占用机舱空间较大,整体重量相对较沉,成本也更高。而比亚迪将驱动电机、电机控制器、减速器这三大件集成在一起,如图1-30所示,使得原本的多模块集成为一个驱动三合一的整体,减少了复杂的机械结构和连接关系,体积和重量都得到很好的控制,整套驱动系统更轻、更紧凑。驱动三合一的高度集成化,省去了三相线,重量减轻,成本降低,提升了使用的稳定性,降低了故障率。

图1-30 比亚迪驱动三合一总成

驱动电机具有高转矩密度、高功率密度、高效率及高可靠性的高性能稀土永磁同步电机,峰值功率为120 kW,峰值扭矩为280 N·m。特别值得一提的是,其最高转速提升至15 000 r/min,重量下降35%,功率密度提升40%。比亚迪驱动电机转子与定子如图1-31所示。

图1-31 比亚迪驱动电机转子与定子

转子的端面上有直接贯通转子的孔,如图1-32所示。因为转子在运行过程中,硅钢片和磁钢会因感应涡流而发热,导致电机温度升高,而这些通孔可以使电机内部的空气流通,从而给转子里的磁钢降温,以防止转子磁钢的热衰退,提高转子的可靠性。

电机控制器主控制板的电路架构上用了一片DSP控制芯片以及一片FPGA芯片,如图1-33所示。FPGA芯片,反应速度快,在发生故障时(比如电流过大或电压过大时)能够及时切断高压,对电机和控制器进行保护。

图 1-32　转子导热通风孔

图 1-33　电机控制器主控制板

如图 1-34 所示，比亚迪驱动三合一控制器采用了三组分立的 IGBT 模块，夹在冷却水道与驱动板之间，依靠上方的驱动板来驱动。驱动板通过一个变压器来实现高压侧和低压侧的隔离，并采用六片独立的驱动芯片对每一个 IGBT 的上管和下管进行驱动。

图 1-34　比亚迪电机控制器 IGBT 与驱动板

1.4.3　充配电三合一

比亚迪充配电三合一将 DC-DC、充电器、配电箱集合，集成之后的部件效率提升明显，DC+OBC 部分功率密度大于 2 kW/L，而行业中分体式设计的高压系统，其功率密度还不足 1.5 kW/L，比亚迪充配电三合一在功率密度方面高出行业标准 40%。比亚迪充配电三合一总成结构如图 1-35 所示。

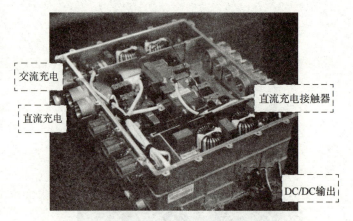

图 1-35　比亚迪充配电三合一总成结构

任务操作

1. 任务准备

安全防护：整车实训场地安全防护与隔离。

工具设备：充配电三合一、万用表、拆装工具套装。

车辆：比亚迪 2019 款 e5。

辅助资料：教材、维修手册、实训工作页。

2. 实施任务

列出如图 1-36 所示各端口的名称。

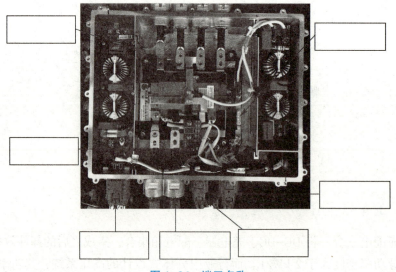

图 1-36　端口名称

根据图 1-37 所示信息，动力电池的额定电压为_____V；额定容量为_____A·h；载电量为_____kW·h。

图 1-37　比亚迪 e5 铭牌

学习任务 1.5　电动汽车整车结构

电动汽车整车高压系统由驱动系统（前驱动装置 VX89、后驱动装置 VX90）、高压电源系统（高压蓄电池 AX2、高压蓄电池充电器 1AX4）和高压辅助系统（加热/空调器、电动空调压缩机 V470、高压加热器 PTC Z115）等组成，如图 1-38 所示。

图 1-38　奥迪 e-tron 整车结构系统

任务操作

1. 任务准备

安全防护：整车实训场地安全防护与隔离。

工具设备：便笺纸。

车辆：比亚迪 2020 款秦 EV。

辅助资料：教材、维修手册、实训工作页。

2. 实施任务

用便笺纸将如图 1-39 所示汽车的各个模块标识出来。

图 1-39　汽车各个模块标识

学习任务 1.6　电动汽车总线通信系统

电动汽车 CAN 总线是由 CAN 控制器、CAN 收发器、数据传输线和数据传输终端等组成的。

1.6.1　CAN 控制器

CAN 控制器集成在电控单元内部，接收由控制单元微处理器传来的数据，CAN 控制器对这些数据进行处理并将其传递给 CAN 收发器；同样 CAN 控制器也接收收发器传来的数据，处理后传递给控制单元微处理器。

1.6.2　CAN 收发器

CAN 收发器集成在电控单元内部，同时兼具接收、发送和转化数据信号的功能。它将 CAN 控制器发送来的电平信号数据转化为电压信号并通过数据传输线以广播的方式发送出去。同时，它接收数据传输线发送来的电压信号并将电压信号转化为电平信号数据后，发送到 CAN 控制器。

1.6.3　CAN 数据传输线

为了减少干扰，CAN 总线的数据传输线采用双绞线，其绞距为 20 mm，截面积为 0.5 mm^2，通常分别称这两根线为 CAN-高线（CAN-H）和 CAN-低线（CAN-L）。两根线上传输的数据相同，电压值互成镜像，这样两根线的电压差保持一个常值，所产生的电磁场效应也会由于极性相反而互相抵消。通过该方法，数据传输线可免受外界辐射的干扰，同时向外辐射时实际上保持中性（即无辐射）。

1.6.4　CAN 数据传输终端

数据传输终端是一个电阻器，作用是阻止数据在传输终了被反射回来破坏数据，一般数据传输终端为 120 Ω 的电阻。比亚迪 e5 CAN 网络拓扑图如图 1-40 所示。

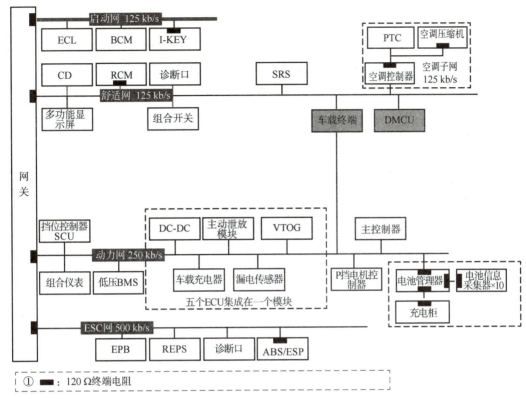

图 1-40 比亚迪 e5 CAN 网络拓扑图

CAN 总线系统中拥有一个 CAN 控制器、一个信息收发器、两个数据传输终端及两条数据传输总线，除了数据总线外，其他各元件都置于各控制单元的内部。CAN 总线系统产生故障的原因一般有以下三种情况：

（1）汽车电源系统引起的故障。

汽车电控模块的工作电压一般在 10.5~15.0 V，如果汽车电源系统提供的工作电压不正常，就会使得某些电控模块出现短暂的不正常工作，这会引起整个汽车 CAN 总线系统出现通信不畅。

（2）汽车 CAN 总线系统的链路故障。

当出现通信线路的短路、断路或线路物理性质变化而引起通信信号衰减或失真时，都会导致多个电控单元工作不正常，使 CAN 总线系统无法工作。

（3）汽车 CAN 总线系统的节点故障。

节点是汽车 CAN 总线系统中的电控模块，因此节点故障就是电控模块的故障。它包括软件故障即传输协议或软件程序有缺陷或冲突，从而使汽车 CAN 总线系统通信出现混乱或无法工作，这种故障一般会成批出现；硬件故障一般是电控模块芯片或集成电路故障，造成汽车 CAN 总线系统无法正常工作。

任务操作

1. 任务准备

安全防护：整车实训场地安全防护与隔离。

工具设备：万用表、多通道示波器、诊断仪。

车辆：比亚迪 2019 款 e5。

辅助资料：教材、维修手册、实训工作页。

2. 实施任务

（1）使用示波器测量动力 CAN 波形图，并绘制。

（2）使用万用表测量网关与 BMC 之间的终端电阻。

（3）使用万用表测量网关与高压电控之间的终端电阻。

学习情景 2
电动汽车充电基础

学习任务 2.1　电动汽车能量补给方式

任务导入

一位顾客进入新能源汽车 4S/直营店想购买新能源汽车，作为一名专业的汽车销售顾问，请你为顾客介绍电动汽车典型的能量补给方式以及新型的能量补给方式。

学习目标

(1) 能够掌握电动汽车充电系统的行业术语。
(2) 能够掌握电动汽车的补给方式。
(3) 能够掌握电动汽车充电操作的注意事项。

知识储备

2.1.1　电动汽车充电系统

1. 电动汽车充电系统行业术语

1) 交流充电（AC charging）

通过交流充电桩连接电动汽车的国标交流充电口，并通过车载充电机（简称 OBC）对交流电进行升压，然后通过 OBC 内部的整流模块整流成符合电动汽车所需的电压对其进行充电，该过程即为交流充电。

2）交流充电口

国标交流充电口有 7 个端子，分别为 CC、CP、L、L2、L3、N、PE，如图 2-1 所示。国标充电口通常位于电动汽车车头或车身两侧，如图 2-2 所示。

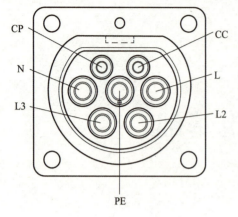

图 2-1　国标交流充电口　　　　　　　图 2-2　国标交流充电口安装位置

3）车载充电机（On-board-Charger）

车载充电机是指固定安装在电动汽车上的充电机，具有为电动汽车动力电池安全、自动充满电的能力。充电机依据电池管理系统（BMS）提供的数据，能动态调节充电电流或电压参数，执行相应的动作，完成充电过程。

4）直流充电（DC charging）

将直流充电桩连接电动汽车直流充电口，通过直流充电口上的 S+、S- 与电池管理器进行通信，直流充电桩输出电动汽车所需要的电压对其进行充电，即直流充电。

5）直流充电口

国标直流充电口有 9 个端子，分别为 DC+、DC-、A+、A-、S+、S-、CC1、CC2、PE，如图 2-3 所示。国标直流充电口通常位于电动汽车车头或车身两侧，如图 2-4 所示。

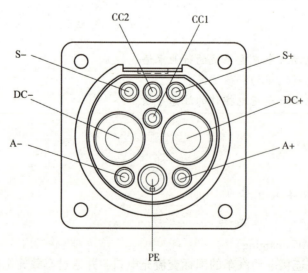

图 2-3　国标直流充电口

图 2-4　国标充电口安装位置

6）充电插头（Charge connector）

充电插头即充电枪，通过插入汽车充电端口对动力电池组进行充电。在北美地区，一级和二级充电插头遵循 SAE 标准 J1772，该标准规定了充电插头的形状、电路和通信协议。

7）充电口温度传感器

当电动汽车充电口的温度达到预设温度时，充电枪温控系统会自行开启，降低充电功率，限制温度上升，当温度持续攀升再次达到预设温度时，温控系统将自行切断电源，停止充电，等待温度回落后再次开启充电。充电口的温度传感器可以有效防止充电时因温度过高，导致自燃或插座熔化等危险发生，如图 2-5 所示。

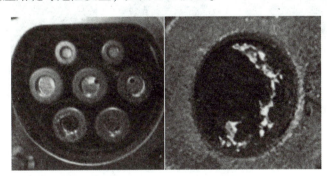

图 2-5　充电口温度高导致熔化

8）充电电缆（Charging cable）

一级交流充电的便携式充电装置，其一端插入车辆，另一端插入 220 V 墙壁插座。

9）充电桩（Charging station）

充电桩的作用是将电能输送到插电式混合动力汽车、增程式电动汽车和电动汽车的固定设备（通常安装在家庭车库、工作地点、停车装置或公共区域）。

电动汽车的常用充电设备通常有便携式交流充电器、壁挂式交流充电桩和落地式交流充电桩。

2.1.2　充电口端子定义

1. 交流充电口端子作用

交流充电口各端子定义如表 2-1 所示，常见交流充电设备如图 2-6 所示。

表 2-1 交流充电口各端子定义

序号	端子号	端子定义
1	CC	充电连接
2	CP	充电确认
3	L	单相交流充电端口
4	L2	三相交流充电端口
5	L3	三相交流充电端口
6	N	中性线
7	PE	地线

图 2-6 常见交流充电设备

2. 直流充电口端子定义

直流充电口各端子定义如表 2-2 所示，直流充电站如图 2-7 所示。

表 2-2 直流充电口各端子定义

序号	端子号	端子定义
1	A+	直流充电柜给车辆输入 12 V 低压电，其中 A-接车身地
2	A-	
3	S+	充电网络 CAN-H
4	S-	充电网络 CAN-L
5	DC+	高压直流正极输入
6	DC-	高压直流负极输入
7	PE	地线
8	CC1	直流充电口上 CC1 与 PE 之间阻值为 1 kΩ，直流充电柜通过它确认是否已插枪
9	CC2	直流充电枪上 CC2 与 PE 之间阻值为 1 kΩ，整车 BMS 通过它确认是否已插枪

图 2-7 直流充电站

2.1.3 电动汽车能量补给方式

常见的电动汽车与插电式混合动力汽车车载充电可分为交流充电和直流充电两种方式。当纯电动汽车的动力电池荷电状态（以下简称 SOC）≤20%时，仪表会点亮指示灯，并伴随"请及时充电"提示语，如图 2-8 所示。大部分新能源汽车主机厂生产的纯电动汽车在直流充电时，动力电池 SOC 从 30%充电至 80%只需要 30 min，而动力电池 SOC 在 95%时，即使车辆减速或滑行，电机能量回收的电量也不会给动力电池充电，以避免动力电池过充电而导致电池产生不可逆的损伤，如热失控。国产特斯拉 model3 交、直流充电口如图 2-9 所示。

图 2-8 车辆正在充电时的仪表显示

图 2-9 国产特斯拉 model3 交、直流充电口

目前在售的大部分插电式混合动力汽车只有交流充电，如比亚迪唐 DM（图 2-10）、宋 DM 等。当秦 DM/宋 DM/唐 DM 车型的动力电池 SOC≤15%（避免动力电池过放电导致电池

产生不可逆的损伤，如电池漏液）时，会起动发动机。若为搭载了 BSG 电机的车型，则当电池的 SOC≥16%（降低车辆油耗）时，发动机会停止故障。若动力电池 SOC≥93%（避免动力电池过充电导致电池产生不可逆的损伤，如热失控），则当插电式混合动力车辆在减速或滑行时，电机能量回收的电量不会给动力电池充电。

图 2-10　比亚迪全新一代唐 DM 交流充电

增程式电动汽车的优缺点：

（1）优点。

①具有电动汽车行驶安静、提速快的优点，在充电使用环境中既可以用直流充电，也可用交流充电。

②由于车辆有增程器发电，故当动力电池 SOC≤25% 时，会启动增程器，通过增程器带动电机发电。

③由于增程器不直接驱动车轮，所以增程器的转速和车轮转速与汽车速度没有直接关系，通过系统优化，可以让增程器一直在最佳转速区间工作，保证车辆有较低的油耗。

（2）缺点。

①因增程器和发电机并不直接驱动车轮，造成了部分功率的浪费，而增程器和发电机的重量并不减少，故缩短了车辆的续航里程。

②在高速路况下，若车辆重量增加，则在电池 SOC 较低的情况下，油耗会偏高。

理想 ONE 交流、直流充电如图 2-11 所示。

图 2-11　理想 ONE 交流、直流充电

在 2018 大陆集团中国技术体验日活动中，大陆集团在中国首次展出了应用于电动汽车的感应充电技术，如图 2-12 所示。驾驶人员只需把车停在充电板上方，当汽车靠近装有感

应充电装置的停车场时，会自动同充电站进行身份验证，人机界面会引导驾驶员将汽车停在正确的位置并且确认开始充电。充电电源通过地面充电板无线传输到电动车底部的接收板。该车载式感应充电系统包含一个接收板、电力电子设备、控制器，以及人机界面，能够帮助驾驶员精准停车。通过此项综合感应充电技术，可使电动车充电功率最高达到 11 kW，在 11 kW 的充电功率下，每充电 1 min 可以提供行驶 1 km 所需的电量。

图 2-12 大陆集团无线充电技术

 任务操作

1. 任务准备

安全防护：充电安全保护与隔离。

工具设备：交流/直流充电桩、万用表、插排、绝缘防护用品、绝缘工具套装。

车辆：比亚迪 e5/e6。

辅助资料：充电桩使用手册、教材。

2. 实施任务

（1）使用便携式充电设备。

使用随车赠送的便携式充电枪，利用家庭插座给电动汽车充电，充电电流为 8~16 A，根据动力电池组容量大小，充电时间至少在 8 h 以上，如图 2-13 所示。若使用便携式充电枪的输出电流为 16 A，则应注意三脚插头不能插到 10 A 的插座上。

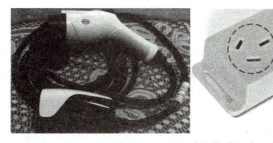

图 2-13 比亚迪便携式充电设备

根据如图 2-14 所示充电设备参数，计算其充电功率 $P=UI$ _____ kW；

使用万用表测量充电枪端 CC 与 PE 的电阻为_____ Ω；

使用万用表测量充电枪端 CP 与 PE 的电压为_____ V。

图 2-14 便携式充电设备铭牌

(2) 直流充电桩。

根据如图 2-15 所示充电设备参数,由功率计算公式 $P = UI$ 计算充电桩输出电流为_____A;

使用万用表测量充电枪端 S+ 与 S- 的电阻为_____Ω;

使用万用表测量充电枪端 A+ 与 A- 的电压为_____V;

使用万用表测量充电枪端 CC2 与 PE 的电阻为_____Ω。

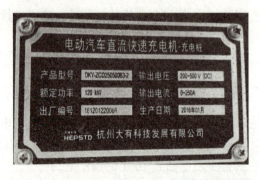

图 2-15 直流充电桩铭牌

学习任务 2.2 电动汽车交直流充电系统结构

任务导入

比亚迪 4S 店进来 1 台 2017 款比亚迪 e5 来保养,作为维修主管,给维修技工讲解 2017 款比亚迪 e5 交直流充电系统的结构。

学习目标

(1) 能够掌握比亚迪 e5 的交流充电系统结构。
(2) 能够掌握比亚迪 e5 的直流充电系统结构。
(3) 能够操作车对车充电设备(简称 VTOV)及车对插排放电(简称 VTOL)、车对电网放电(简称 VTOG)的方法。

知识储备

2.2.1 交流充电系统的组成

交流充电系统主要由交流充电桩、交流充电口、高压电缆、车载充电器、预充接触器、预充电阻、交流充电接触器和动力电池等组成。

图 2-16 所示为比亚迪 e5 充电框图。

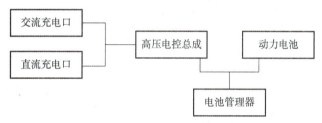

图 2-16 比亚迪 e5 充电框图

1. 充电设备

交流充电设备如图 2-17 所示。

图 2-17 交流充电设备

2. 交流充电口

通过家用 220 V 插座和交流充电枪接入交流充电口(图 2-18),然后通过车载充电机或 VTOG 将 220 V/380 V 的交流电升压整流成高压直流电给动力蓄电池充电。

温度传感器的作用主要是在交流充电过程中监控充电口的温升情况,当监测到温度较高时,VTOG 会根据具体温度限制充电功率或禁止充电,防止出现充电过热现象。B53(B)7# 与 8# 之间的电阻值为 2 kΩ。交流充电温度检测电气原理图如图 2-19 所示。

图 2-18 单相、三相交流充电口

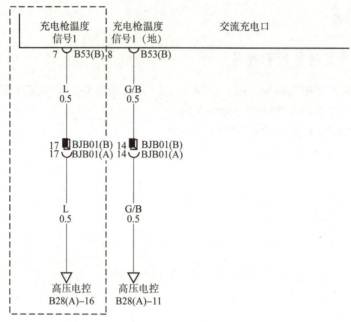

图 2-19 交流充电温度检测电气原理图

3. 高压电控总成

图 2-20 所示为比亚迪双向逆变器（简称 VTOG），其作用是将动力电池输出的高压直流电逆变成三相可调电压、可变频率的三相交流电驱动电机运转；可将车辆在减速或滑行时的三相交流电整流成高压直流电给动力充电。车辆在充电时，可以将单相/三相的交流电进行升压，并将升压后的交流电整流成高压直流电给动力电池充电。

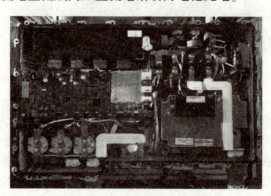

图 2-20 比亚迪双向逆变器

3.3 kW 功率以内的单相交流充电均是通过 OBC（车载充电机）进行的，而功率大于 3.3 kW 的交流充电（含单相和三相交流）是通过 VTOG 进行的，如图 2-21 所示。

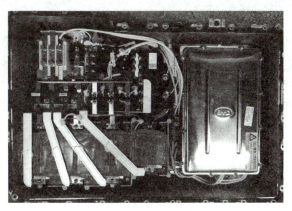

图 2-21　比亚迪 OBC（车载充电机）

e5 出租车安装的高压电控总成是不配备 OBC 的，为何私家车版的 e5 要加入 OBC 呢？主要原因是与出租车相比，私家车充电场所不固定，会存在家用电网小功率充电，而小功率充电时，OBC 的效率比 VTOG 要高一些。

4. 常见交流充电设备的参数

常见交流充电设备的参数如表 2-3 所示。

表 2-3　常见交流充电设备参数

名称	输入电压/V	额定功率/kW	输出电流/A	CC 与 PE 电阻值/Ω
便携式充电枪	AC 220	2	10	1 500
壁挂式充电桩	AC 220	3.3	16	680
落地式充电桩	AC 220	7	32	220
落地式充电桩	AC 380	40	63	100

5. 交流充电枪

当充电口上的锁销伸出时，便会占据交流充电枪上端的圆孔，此时充电枪上锁扣无法缩回（即充电枪把手无法按下），锁扣就卡在充电口凹槽上，实现锁枪功能，如图 2-22 所示。解锁只需要按下遥控钥匙 🔓 即可。

图 2-22　交流充电枪锁销

交流充电枪锁的开启与关闭，可以通过组合仪表上的个性化设置来完成，如图2-23所示。

图2-23　交流充电枪锁防盗设置

2.2.2　比亚迪e5车对车充电（VTOG）操作

1. VTOG简介

（1）VTOV即Vehicle To Vehicle，用于车辆对车辆进行充电，可用于纯电动车辆动力电池包亏电救援。该设备两头都是连接车辆交流充电口的充电枪，两充电枪完全相同，CC与PE间的阻值为220 Ω，如图2-24所示。

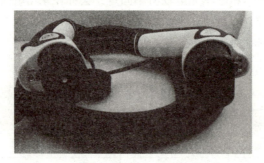

图2-24　VTOV设备

2. VTOV操作方法

（1）车辆电源处于"OFF"挡，按下如图2-25所示的"放电"开关，进入放电模式，此时组合仪表上会显示提示信息，如图2-25所示。

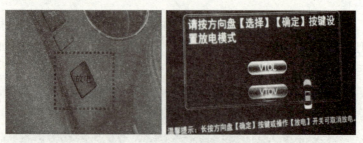

图2-25　VTOV仪表信息

（2）操作转向盘上的选择按键选到"VTOV"，然后按下"确定"按键，如图2-25所示。

（3）在10 min内用VTOV设备将两台车辆连接起来，即可实现设置车辆对另一台车充电，如图2-26所示。

图 2-26 车对车充电

在充电过程中,如需结束,则再次按下"放电"开关即可,如图 2-27 所示。

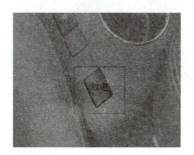

图 2-27 按"放电"开关结束放电

注意:当放电车辆的电池 SOC≤10% 时,放电车辆会自动停止对另外一辆车充电,以保证放电车辆的动力电池不会因过放电而导致不可逆的损伤。

2. 车辆对负载放电(VTOL)操作方法

VTOL 即 Vehicle To Load,正名为"车辆对插排放电连接装置",可直接为功率小于等于 3 kW 的家用电器供电。该设备一头是交流放电枪,另一头为插排,如图 2-28 所示,其中交流放电枪上的 CC 与 PE 间阻值为 2 000 Ω。图 2-29 所示为新能源汽车对外放电。

图 2-28 车对插排放电设备

图 2-29 新能源汽车对外放电(对平衡车充电)

3. 车辆对电网放电（VTOG）操作方法

VTOG 即 Vehicle To Grid，比亚迪 e5 车型可通过比亚迪 40 kW 壁挂式交流充电桩（图 2-30）实现对电网放电。交流充电枪上 CC 与 PE 间阻值为 100 Ω。

图 2-30　比亚迪 40 kW 壁挂式交流充电桩

（1）整车正常上电，接上 VDS 电脑进入车型诊断，选择所在车型进入，对模块进行扫描。扫描结束后进入 DSP2 模块，单击主动控制，选择 VTOG 对电网放电，保持此界面。连接比亚迪专用诊断仪 VDS1000 如图 2-31 所示。

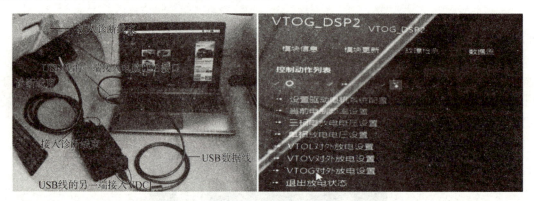

图 2-31　连接比亚迪专用诊断仪 VDS1000

（2）整车退电，插上充电枪（40 kW），进行正常充电后（图 2-32），在 VDS 电脑当前界面双击对外放电（图 2-33），右下角会显示操作成功/失败。如果操作成功，则仪表上功率会显示负值，如图 2-34 所示。

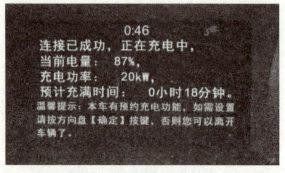

图 2-32　连接 40 kW 充电枪

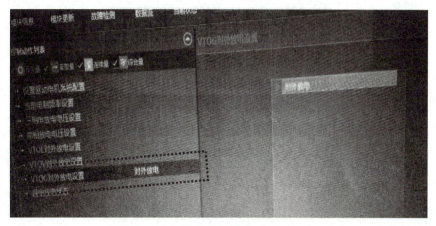

图 2-33 VDS1000 设置对外放电

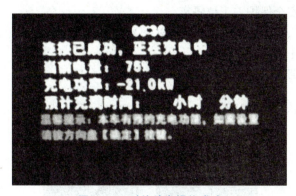

图 2-34 对外放电操作成功

（3）当车辆不再对电网放电时，在图 2-35 所示界面中单击退出放电状态或返回所有控制权，仪表功率会变成正值，进行正常充电；或者拔枪再重新插枪，也可以退出放电进入充电。如图 2-36 所示。

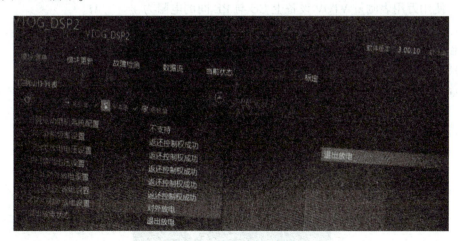

图 2-35 停止对电网放电

图 2-36 车辆恢复充电状态

任务操作

1. 任务准备

安全防护：充电安全保护、工位隔离。

工具设备：VTOV、VTOL 插排、1 000 W 热水器、万用表、钳形电流表。

车辆：2 辆比亚迪 e5。

辅助资料：比亚迪 e5 维修手册、教材。

2. 实施任务

根据如图 2-37 所示 VTOV 设备填空。

图 2-37　VTOV 设备

（1）使用万用表测量 VTOV 设备上 CC 与 PE 间的电阻为_____ Ω。

（2）将两辆比亚迪 e5 通过 VTOV 设备连接起来，操作电池 SOC 较高的车辆对另一辆车进行放电，观察仪表的放电功率为_____ kW。

（3）通过钳形表测量放电车辆的电流为_____ A。

根据如图 2-38 所示 VTOL 设备填空。

图 2-38　VTOL 设备

(1) 使用万用表测量 VTOL 设备上 CC 与 PE 间的电阻为_____Ω。
(2) 使用万用表测量 VTOL 对应插排上的交流电压为_____V。
(3) 通过钳形表测量放电车辆的电流为_____A。

学习任务 2.3　交流充电电路原理

任务导入

王先生购买的比亚迪2017款比亚迪 e5 进 4S 店进行保养，作为维修主管，给维修技工讲解 2017 款比亚迪 e5 的交流充电电路原理。

学习目标

(1) 能够掌握比亚迪 e5 的交流充电系统结构。
(2) 能够掌握比亚迪 e5 的交流充电工作原理。
(3) 能够掌握比亚迪 e5 的放电工作原理。

知识储备

2.3.1　交流充电系统结构

交流充电系统主要由交流充电口、高压电缆、车载充电器（OBC）/VTOG、预充接触器、预充电阻、交流充电接触器和动力电池等组成，如图 2-39 所示。

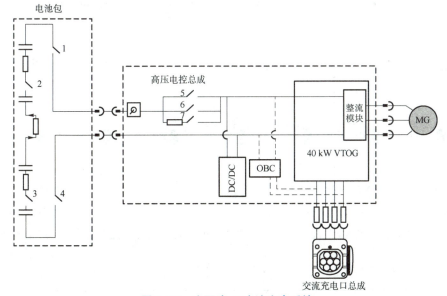

图 2-39　比亚迪 e5 交流充电系统
1—正极接触器；2—电池包分压接触器 1；3—电池包分压接触器 2；4—负极接触器；
5—主接触器；6—交流充电接触器；7—预充接触器

2.3.2 比亚迪 e5 交流充电工作原理

比亚迪 e5 车型无论是在上电还是在交流充电过程中都需要做预充电。e5 交流充电流程，确定交流充电口上的 CC 与 PE（图 2-40）之间的电压为 5 V 左右（2018 款比亚迪 e5、吉利帝豪 EV450、北汽 EX360 等车型 CC 与 PE 的电压为 12 V）。

高压电控总成充电通过 VTOG 电源板转换成 5 V 的电源输出给交流充电口。交流充电枪上 CC 与 PE 的电阻通过充电口上的电源，交流充电口的电压降至 3.6 V 左右，此时仪表会点亮充电指示灯 🔌，如图 2-41 所示。

图 2-40 比亚迪 e5 交流充电系统　　　　图 2-41 比亚迪 e5 仪表充电状态

比亚迪 e5 交流充电口电气原理图如图 2-42 所示。交流充电口上的 CC 信号传送到高压电控总成 B28（A）13#，并由 B28（A）19#充电信号传送到电池管理器 BK45（B）18#。

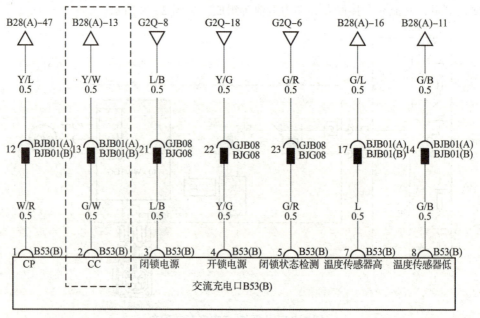

图 2-42 比亚迪 e5 交流充电口电气原理

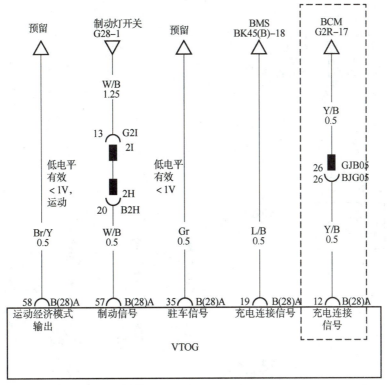

图 2-42 比亚迪 e5 交流充电口电气原理（续）

高压电控将充电连接信号发给车身控制模块（以下简称 BCM，集成在仪表配电盒内部，外观如图 2-43 所示）BCM G2R-17#，BCM 控制双路电（IG3）继电器吸合，此时 BMC、DC/DC、高压配电箱、VTOG、主控 ECU、漏电模块、水泵等模块得到双路电。比亚迪 e5 双路电电气原理图如图 2-44 所示。

图 2-43 比亚迪 BCM 模块

如图 2-44 所示，BMS 获得双路电后，检测到 VTOG 发送的交流充电连接信号（感应信号），BMC 进行预充控制，即先吸合预充接触器，将电池包电压加载在 VTOG（OBC）的直流侧，待高压电控总成内薄膜电容（图 2-45）的电压达到动力电池电压 90% 或薄膜电容的

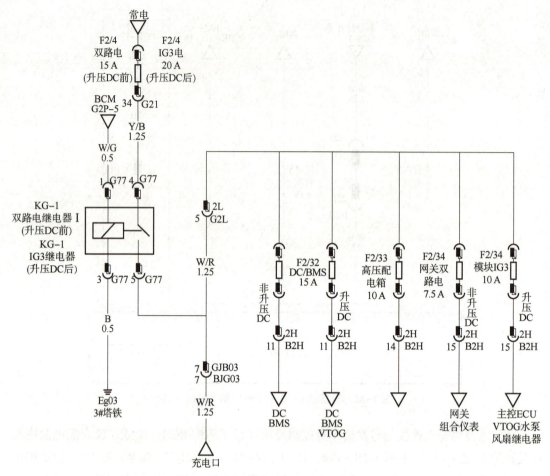

图 2-44 比亚迪 e5 双路电电气原理图

电压与动力电池电压相差 50 V 左右时完成预充，再吸合交流充电接触器，最后断开预充接触器（图 2-46），电流从交流充电口通过 VTOG 或 OBC 进入动力电池包内。

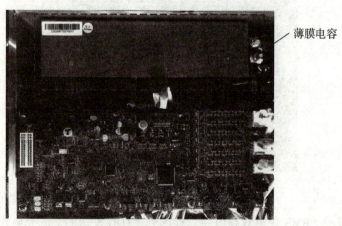

图 2-45 比亚迪 e5 高压电控内薄膜电容

图 2-46　比亚迪 e5 预充接触器

2.3.3　比亚迪 e5 车辆放电工作原理

e5 放电流程：确定交流充电口上 CC 与 PE 之间的电压为 5 V 左右（2018 款比亚迪 e5 的 CC 与 PE 的电压为 12 V）。当 VTOV/VTOL 枪头插上交流充电口，交流充电口 CC 与 PE 接收到电阻信号时，会产生电压降，此时 BCM 会控制双路电继电器吸合，BMC 获得双路电，BMC 控制预充接触器吸合，待预充完成后，BMC 控制交流充电接触器吸合，断开预充接触器，吸合动力电池正、负极接触器。动力电池将高压电输送给 VTOG/OBC，VTOG/OBC 通过内部的 IGBT/MOS 管将直流电逆变成交流电，通过交流充电口输送至插排或充电枪给外部设备供电。比亚迪 e5 放电电路电气原理与放电状态如图 2-47 所示。

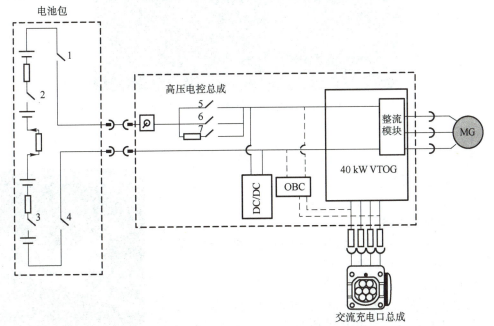

图 2-47　比亚迪 e5 放电电路电气原理与放电状态

1—正极接触器；2—电池包分压接触器 1；3—电池包分压接触器 2；4—负极接触器；
5—主接触器；6—交流充电接触器；7—预充接触器

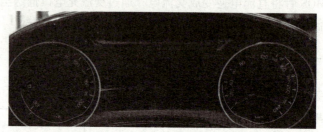

图 2-47　比亚迪 e5 放电电路电气原理与放电状态（续）

任务操作

1. 任务准备

安全防护：充电安全保护、工位隔离。

工具设备：便携式交流充电枪、MS-908e、万用表、绝缘防护套装、绝缘工具。

车辆：1 台比亚迪 e5。

辅助资料：比亚迪 e5 维修手册、教材。

2. 任务实施

（1）故障现象。

一辆 2019 款比亚迪 e5 车辆无法交流充电，直流充电正常，仪表无显示，如图 2-48 所示。

图 2-48　比亚迪 e5 插枪充电仪表状态

（2）可能故障原因。

①便携式充电枪故障。

②交流充电口故障。

③OBC 故障。

（3）故障排除步骤。

①确保交流充电枪已插接到位，听到"咔哒"声音表明充电枪已插到位，如图 2-49 所示。

②检查交流充电口低压控制插接件无松脱。

③用万用表检测交流充电口 CC 与 PE 的电压为 0 V，检测充电口至充配电总成线束，发现 B53（B）的 2 号针脚至三合一的 B74 的 4 号针不导通。比亚迪充配电电气原理图如图 2-50 所示，充配电 B74 插件检测如图 2-51 所示。

图 2-49　比亚迪 e5 插枪充电状态

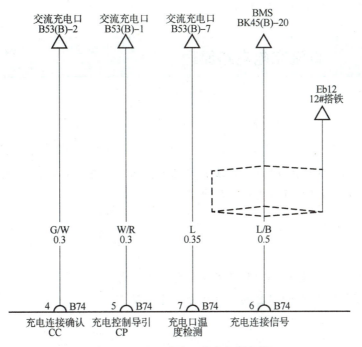

图 2-50　比亚迪充配电电气原理图

图 2-51　比亚迪充配电 B74 插件检测

④B74 插件未发现有退针现象，如图 2-52 所示，剥开 B53 线束波纹管用力拽下 CC 线，发现 CC 线断路。

图 2-52　比亚迪 B53 线束断路

⑤恢复线束，车辆交流充电正常。

学习任务 2.4　直流充电电路原理

任务导入

王先生购买的比亚迪元 EV EB 无法直流充电，而交流充电正常，作为维修主管给维修技工讲解比亚迪元 EV EB 直流充电电路原理。

学习目标

(1) 能够掌握比亚迪元 EV EB 的直流充电系统结构。
(2) 能够掌握比亚迪 EV EB 的直流充电工作原理。
(3) 能够排除直流充电故障。

知识储备

2.4.1　直流充电系统结构

直流充电系统主要由直流充电口、高压电缆、充配电总成、预充接触器、预充电阻、动力电池及正、负极接触器等组成。

功能：直流充电桩通过直流充电口连接后，直流充电口端子 S+、S- 实现与电池管理器进行信息交互，并最终通过高压电控总成（升降压模块升压后再经过高压配电箱或直接经过高压配电箱）给动力电池充电，或者通过充配电总成给动力电池充电。比亚迪充配电总成内部结构如图 2-53 所示。

图 2-53　比亚迪充配电总成内部结构

2.4.2 直流充电口结构

比亚迪直流充电口总成外观如图 2-54 所示。

图 2-54 比亚迪直流充电口总成外观

直流充电口结构：除了有与直流充电枪对接的 9 芯（DC+、DC−、PE、A+、A−、S+、S−、CC1、CC2）外，还在直流充电口上装置了温度传感器，如图 2-55 所示。

图 2-55 比亚迪直流充电口

比亚迪直流充电口温度传感器（图 2-56）用以监测直流充电过程中充电口的温升情况，在监测温度较高时，BMS 会根据具体温度限制充电功率甚至禁止充电，防止直流充电口出现充电严重发热，甚至出现安全隐患。

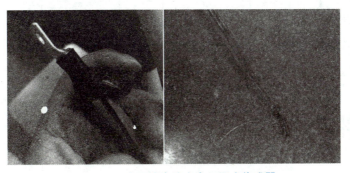

图 2-56 比亚迪直流充电口温度传感器

2.4.3 直流充电工作原理

直流充电枪插枪后，直流充电柜检测到充电口上的 CC1 信号，然后输出 12 V 低压辅助电源（A+、A−），直流充电口 CC1 与 PE 间的电阻为 1 kΩ，如图 2-57 所示。

图 2-57 直流充电口 CC1 与 PE

直流充电桩输出低压辅助电源直接供给 K3-1 直流充电继电器，该继电器吸合后，BMS、高压配电箱等获得双路电源，如图 2-58 所示。

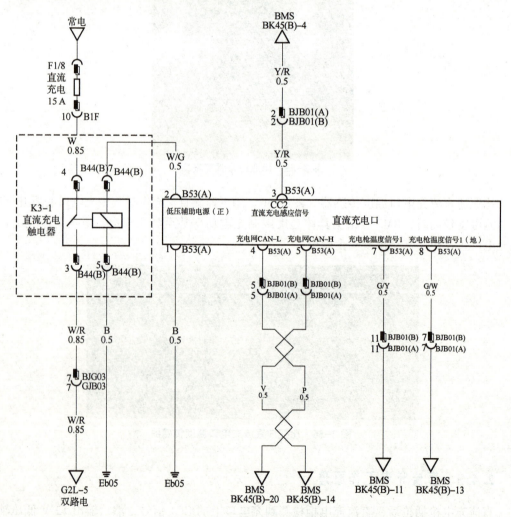

图 2-58 比亚迪直流充电电气原理图

BMC 通过充电网 CAN-H 与 CAN-L 进行信息交互，检测到直流充电感应信号（即充电枪上 CC2 信号）后，控制电池包给高压电控总成充电进行预充，其电气原理如图 2-59 所示。

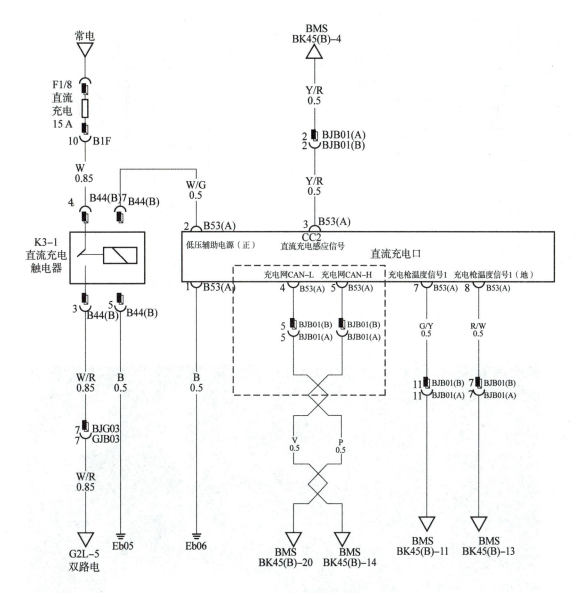

图 2-59　控制电池包给高压电控总成充电预充的电气原理

直流充电桩输入高压直流电（DC+、DC-），通过高压电控总成内的直流充电正、负极接触器给电池包充电。非直流升压高压原理如图 2-60 所示，直流升压高压原理如图 2-61 所示。

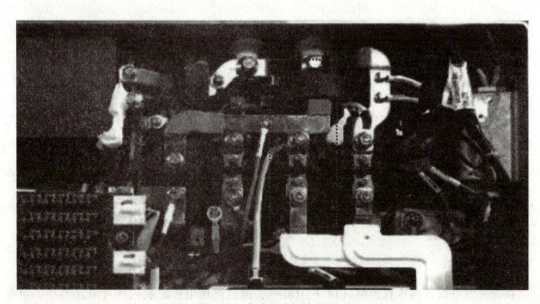

图 2-60 非直流升压高压原理

1—正极接触器；2—电池包分压接触器1；3—电池包分压接触器2；4—负极接触器；5—直流充电正极接触器；6—直流充电负极接触器；7—主接触器；8—交流充电接触器；9—预充接触器

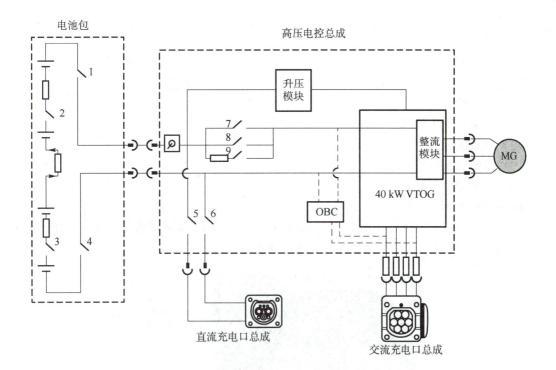

图 2-61 直流升压高压原理

1—正极接触器；2—电池包分压接触器1；3—电池包分压接触器2；4—负极接触器；5—直流充电正极接触器；6—直流充电负极接触器；7—主接触器；8—交流充电接触器；9—预充接触器

任务衔接

1. 故障现象

王先生购买的比亚迪元 EV EB 无法直流充电，交流充电正常。

2. 可能故障原因

（1）直流充电桩故障。

（2）线束故障。

（3）直流高压电缆故障。

（4）电池管理器故障。

3. 故障排除步骤

（1）插上直流充电枪前（图 2-62）确认直流充电口端子无异常情况，插上直流充电枪时仪表无指示灯 ，说明电池管理器未接收到插枪信号。

图 2-62　直流充电口检查

（2）拔开充电枪，上电分别测量直流充电口的 S+、S-对车身、地之间的电压——异常（图 2-63）。测量直流充电口 B53（A）4#、5#与电池管理器 K45（B）24#、25#线束之间的阻值正常。直流充电口电气原理如图 2-64 所示。

图 2-63　上电测试直流充电口的 S+、S-对车身、地之间的电压

（3）将车辆退电，测量直流充电口 S+与 S-之间的电阻值为 127.5 Ω——正常，测量 S+、S-分别对车身、地之间的电阻为 125.7 Ω——异常，如图 2-65 所示。

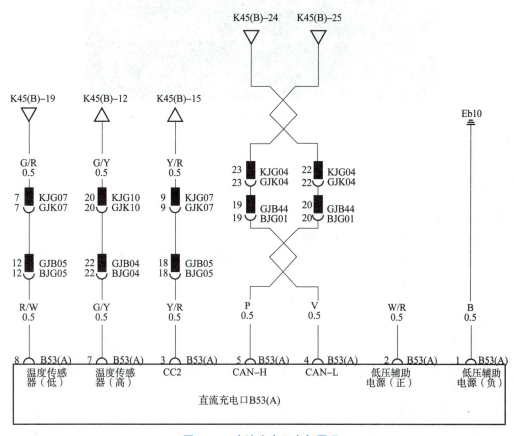

图 2-64 直流充电口电气原理

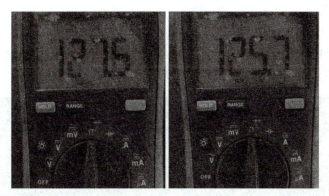

图 2-65 退电测试直流充电口 S+ 与 S- 之间的电阻值/S+、S- 分别对车身、地之间的电阻

（4）发现前舱线束内有一根线束烧蚀很严重，如图 2-66 所示，还影响了其他线束。在仔细查找故障点的过程中发现烧蚀的线束为直流充电唤醒信号 A-线束，在分析的过程中发现此线束是直接对地，其作用是在充电桩给 BMC 12 V 电时，作唤醒信号用。

（5）更换异常的线束，故障恢复。

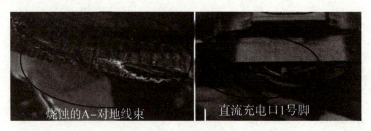

图 2-66 短路的线束

任务操作

1. 任务准备

安全防护：充电安全保护、工位隔离。

工具设备：直流充电桩、MS-908e、万用表、绝缘防护套装、绝缘工具。

车辆：1 台比亚迪 e5。

辅助资料：比亚迪 e5 维修手册、教材。

2. 任务实施

（1）故障现象。

比亚迪 e5 出行版反馈直流充电时间过长，直流充电的功率为 9.2 kW，交流充电正常。

（2）可能故障原因。

①直流充电桩故障。

②直流充电口故障。

③电池管理器故障。

④低压线束故障。

（3）故障排除步骤。

①使用故障诊断仪扫描，发现 BMC 有 1AD900 充电口采样异常故障码，如图 2-67 所示，查看 BMC 有直流充电口温度数据流，但无直流充电口温度数据流。

图 2-67 BMC 故障码

②清除故障码，继续验证直流充电，充电功率依旧只有 9 kW。更换其他直流充电口继续充电，故障依旧，可以排除直流充电桩的故障，但依旧查看不到 BMC 直流充电口温度的数据流。

③分析故障码，BMC 接收到直流充电口温度异常的数据流，因此 BMC 启动保护策略，

限制直流充电桩的充电功率。如图2-68所示，用万用表分别测量直流正、负充电口温度传感器的阻值，其中一个温度传感器的阻值∞，另外一个阻值为9.94 MΩ。

图2-68 测量数据

④拆下低压直流充电线束，检查发现有温度传感器1针脚断开导致限制充电功率，如图2-69所示。

图2-69 直流充电故障点

⑤更换针脚，充电恢复正常。

学习任务2.5 电动汽车换电模式

2.5.1 电动汽车换电模式的发展历史及现状

电动汽车换电技术是指将新能源汽车已经衰减或能量耗尽的动力电池从车身上拆下并替换全新或满电状态的动力电池的技术。换电技术目前主要分为单次换电和快换电池两种，单次换电主要是为电池容量衰减到80%的新能源汽车一次性更换新的动力电池，这样可以保证汽车继续以车辆出厂时的电池容量行驶，续航里程得到保障。目前比亚迪、上汽荣威、吉利、广汽等新能源汽车企业可以提供免费单次更换动力电池的业务，此业务模式的缺点：新更换的动力电池容量与之前的相同，即新更换的动力不能增加新车出厂时的续航里程。此业务模式会增加新能源企业存储退役电池的压力，且衰减的动力电池被无资质的企业暴力拆解，其有害物质会污染环境。在目前充电桩普及程度不高的环境下，新能源汽车企业为了解决消费者对里程的焦虑，在此背景下汽车企业开始研发多次换电技术，又称为快换电池技术，其是指可以在新能源汽车使用的任意时间段，通过特定的装置短时间内快速更换动力电池，与燃油车的加油过程类似，使汽车可以继续以足够的续航里程行驶。快换电池技术相比于单次换电技术更加高效、灵活、机动，可以真正解决行驶过程中电量耗尽的问题。快换电池技术（以下简称换电技术）是未来换电技术的主要发展方向和趋势。

快速换电的缺点：

（1）由于新能源汽车的动力电池尺寸不一，故无法针对市场上所有的新能源汽车享受快速换电的福利。

（2）建换电站的造价高昂。

换电技术最早始于 21 世纪初，当时新能源汽车产业还处于示范发展推广初期，新能源汽车续航里程不尽人意，电池技术发展缓慢，针对这一窘境，相关企业已经开始研发换电技术，全球最具代表性的换电公司是总部位于以色列的 Better Place 公司，该公司首先与以色列政府合作，投资 6 亿美元在以色列建成了 38 个换电站和少量充电桩。公司相继与丹麦、澳大利亚、加拿大、日本等国合作，大力推行旗下的换电网络服务项目。但 2013 年 5 月，在巨额建站成本和极低回报率的情况下，Better Place 公司宣布破产，其相应的换电业务也宣告终止。不久之后，美国电动汽车制造商特斯拉演示了其最新研发的耗时仅 90 s 的换电技术，但由于产业链整合难度大、建站投入高、收益极微等因素，特斯拉最终也宣告放弃换电模式。

在国外相关企业纷纷放弃换电技术的同时，国内企业也在积极推进换电模式的发展。2006 年国内新能源汽车产业尚处于萌芽状态，国家电网响应国家号召启动电动汽车项目，2010 年项目团队开发并完成了中国首台可上牌的纯电动汽车，并完成了基础换电技术的储备，发展了一套标准箱换电的技术。在杭州用众泰朗悦和海马普力马车型与高箱体标准箱完成了 500 台纯电动换电型出租车试点，并在该项目中首次提出并验证了"车电分离、里程计费"的商业模式；深圳市发改委在 2011 年世界大学生运动会时推广大巴换电模式，但最后因电池尺寸不统一，高频率拆装电池的高压插件过度磨损导致损坏，最终试行了 6 个月宣告失败。国内最大客车企业宇通集团多年来一直研发大型车辆的换电技术，并于 2008 年北京奥运会、2010 年上海世博会期间正式在旗下公交车辆运营换电业务，成效显著，目前已经应用于国内多座城市的公交系统；北汽新能源在 2017 年发布了"擎天柱计划"，预计到 2022 年将在全国范围内投入 100 亿元建造 3 000 座分布式储换电站，截至 2019 年年底，北汽新能源已经在北京市推广 6 000 多台换电模式出租车，目前在全国 15 个城市，有接近 2 万台换电模式新能源汽车在运行。此外，国金汽车、申沃客车、华菱汽车、万向集团、南方电网等相关企业都在积极投身于换电模式的研发，但其换电模式都是针对出租车等商用车型，没有涉及私人乘用车领域。

2017 年 12 月 16 日，蔚来汽车在其 Nio Day 发布会上正式公布针对私人车主的 Nio Power 换电技术，如图 2-70 所示，可以实现 3 min 以内完成动力电池的快速更换，是全球首个面向私人用户的汽车换电服务系统。截至 2019 年 12 月，蔚来共拥有换电站 123 座，分布在全国超过 20 个省份，近 4 万名车主已经体验到蔚来的快速换电服务。此外，蔚来还首次实现了旗下所有车型使用统一规格标准的电池组，方便不同车型的动力电池更换，同时推出电池租用服务，真正实现了私人乘用车市场"车电分离"的商业模式，为新能源汽车企业换电业务的发展树立了行业标杆。目前中国的汽车换电领域不论是技术水平还是商业模式的发展都已经走在世界的最前列。

图 2-70　蔚来汽车换电站

此外，北汽也组建了新能源出租汽车换电站，如图 2-71 所示。

图 2-71　北汽新能源出租车换电站

2.5.2　换电技术的存在问题

换电技术近两年来快速发展，进一步缓解了新能源汽车的里程焦虑问题，提升了新能源汽车的产品吸引力，间接促进了新能源汽车的销量，成为新能源汽车近年来快速发展的重要因素之一。但由于换电技术发展时间较短，尚不成熟，故出现了一些急需解决的问题。

1. 普及率仍然偏低，发展较慢等

虽然换电技术近年来发展较快，汽车销量和换电站数量持续增加，但由于所需资金数额庞大，技术门槛较高，多数企业对此仍处于观望状态，仅有数家企业投身其中，换电汽车数量占新能源汽车总量比例仍然偏低，截至 2020 年年底，中国新能源汽车保有量超过 500 万辆，而具备换电功能的汽车不足 10 万辆，占新能源汽车保有量的比重不到 2%。全国范围内的换电站数量不足 500 座，远远低于充电桩 121.94 万台的保有量。2019 年 8 月底蔚来宣布旗下所有车型的首任车主可享受终生免费换电服务，免费换电首日全国各地的蔚来换电站就相继出现长时间排队等待的状况，甚至超过充电时间，效率严重降低，这一现象说明目前换电站数量和普及率远不能满足车辆的换电需求，势必会影响现有车主的体验和潜在消费者的购买意愿，进而影响换电模式的发展。

2. 底盘结构松散,增加安全隐患

目前快换电池主要包括3种方式:垂直对插式、侧面对插式、平行对插式,如图2-72所示。轿车、SUV等小型车辆采用的是垂直对插式或平行对插式,动力电池组布置在底盘或后备箱;客车、卡车等大型车辆采用侧面对插式,动力电池组布置在侧面。由于动力电池体积较大,同时要与电动机相连来输出动力,故80%以上的换电汽车的动力电池铺设在底盘,一方面可以充分利用车身的有限空间,另一方面使汽车重量集中在底盘,重心下降,增加了车辆行驶稳定性。换电技术要求车辆的动力电池要在3~5 min 内更换完毕,车辆的底盘需考虑可快速拆卸动力电池,不会像普通新能源汽车的动力电池完全固定封死在底盘,而是将底盘结构进行针对性改造,以方便动力电池的拆卸和安装。其相对于封闭底盘更加松散,同时坚固性和耐久性不可避免地会出现一定程度的下降,在出现碰撞事故的情况下车辆损失比其他固定安装动力电池的车型更加严重,驾乘人员的安全不能得到充分保障。以蔚来汽车为例,在中汽研公布的2019年第二批C-NCAP车辆碰撞测试成绩中,蔚来ES8仅排在参与测试的全部9款车型中的第5位,表现一般,这与其底盘结构松散有一定的关系。

图2-72 新能源汽车电池安装位置

除了使底盘结构安全性下降之外,换电技术还会影响动力电池本身的放置结构。由于需要频繁快速地拆卸和安装,动力电池组无法完全紧密固定在底盘,会有间隙存在,整体结构松散,导致电池组在行驶过程中出现松动等状况,稳定性下降,在发生碰撞时易造成损坏,在车辆停止时同样会造成事故。

国内一家新能源换电车型仅在2018年年底至2019年上半年就发生了4次自燃事件,另一家新能源汽车公司在2019年4月22日至6月14日的两个月内发生了3起自燃事件。经调查,上述自燃事件的原因全部为动力电池存在安全隐患,这两家公司随后相继宣布召回旗下相关新能源汽车产品。

3. 增加运营成本,加重企业负担

换电技术需要生产企业对车辆底盘、动力电池、车身结构等方面进行重新设计,与传统充电方式相比差别较大,加之是一项新技术,没有之前的技术储备和积累,研发费用和技术门槛较高,客观上导致研发换电技术的企业较少。同时,换电站除了换电业务外,还需要对电池进行充电、检测、保养等,加之目前换电站还无法实现智能汽车充电桩的无人自助操作,需要单独组建专业团队进行运营,建设成本和人力成本骤增,进一步加重了企业负担,最终影响其整体经营发展。

换电模式的创始公司Better Place因为巨额的财政负担已经破产,特斯拉在评估其换电业务的投入、产出比过高会给公司造成极大的财务风险之后直接放弃,甚至没有投入运营。国内的换电企业同样面临着资金困境,北汽新能源已经向主营换电技术的北京奥动累计投资数亿元,但目前仍处于亏损状态;蔚来汽车2019年前三季度总收入为18.36亿元人民币,净亏损 25.21 亿元人民币，居高不下的换电服务体系建设成本是其亏损的重要原因。

2.5.3 换电模式未来发展趋势

1. "车电分离"商业模式

传统新能源汽车因为动力电池固定在底盘不可快换，故对外是按整车销售，但由于目前动力电池成本较高，技术还不成熟，导致新能源汽车续航里程有限且价格较高，产品吸引力有限，与燃油车竞争时处于劣势。换电技术可以让车辆和动力电池分离，为厂商提供可以单独销售动力电池的可能性，相关企业根据这一独有特性，探索出"车电分离"的新模式，即动力电池与车辆分离，单独进行销售和租赁，而租用电池可以将一次性购买成本分摊到每月，极大地缓解了消费者的资金压力。2010 年国家电网率先提出"车电分离"商业模式，并在众泰和海马换电出租车上试点；蔚来汽车在 2017 年年底发布的首款车型 ES8 推出电池租用方案，车主可以一次性支付电池费用或者按月支付租赁费用来使用动力电池，是全球首个推出的针对私人乘用车市场的"车电分离"商业模式，引起业界关注。此后的 2018 年 7 月，北汽新能源跟进正式推出针对私人车主的"车电分离"方案，允许车主租用动力电池，目前已经有上万消费者享受到了"车电分离"模式带来的便利和实惠。今后"车电分离"商业模式会进一步推广到更多的换电车型上，让更多车主从中受益。

2020 年 2 月 29 日，中国工程院院士陈立泉在《中国经济大讲堂》的演讲中提出，新能源汽车产业应发展"车电分离"的商业模式，可以破解用户的里程焦虑及避免电池快充带来的问题，并可防止由于新能源汽车补贴退坡带来的新能源汽车产业下滑的问题。陈立泉院士指出，换电商业模式的大规模实施需要政府出台统一的换电商业模式相关的政策，包括企业生产的电动车与换电相关的车辆标准化和电池的标准化。

2. 制定统一标准

新能源汽车的充电技术与产业本身几乎是同步发展，经过近 20 年的不断完善和进步，目前充电技术的接口标准已经统一，纯电动汽车已经可以在其他品牌的充电桩上进行充电。统一标准使充电变得更加便利高效，显著提升了产品的吸引力和竞争力，加速了新能源汽车的普及推广，促进了产业整体的发展，统一标准对其重要性不言而喻。换电技术由于起步较晚，同时涉及专利与商业机密，目前还处于各大厂商自主研发、各自为政的发展阶段，而各车企内部的发展阶段和路径也不尽相同，其中，蔚来汽车的发展阶段走在了行业前沿，其在换电模式的初始阶段就制定了统一标准，旗下所有车型均使用相同规格的动力电池，同一种电池可以给不同的车型更换，高效便捷。2018 年年底，蔚来又推出了业界首创的电池升级服务，用户可以付费更换更高容量的动力电池，费用远低于购买整车，使用现有车辆就可以提升续航里程，极大地节省了费用，在新能源汽车发展历史上有重要的意义。

虽然标准化对产业发展有诸多益处，但换电技术需要电池规格和更换方式一致，制定统一标准依然面临着巨大障碍。首先动力电池品牌众多，全球目前有近 10 家主要动力电池生产商，材料、排列、能量密度等规格各不相同，强制统一标准要求不同企业改变自己的生产方式，势必会涉及产业各方利益，甚至遭到反对，主观上会遭遇巨大阻力；其次不同车型的换电方式也存在巨大差异，轿车、SUV 等小型车辆多采用垂直对插式，客车、卡车等大型车辆多采用侧面对插式，强制统一标准就需要对不同的车身及底盘结构进行改造，势必会对车辆行驶和安全方面造成重大影响，客观上也难以实现。

统一标准目前虽然困难重重，但从长远来看对产业发展有明显的促进作用，是换电模式的必经之路。目前已经出现能储备同一换电方式的不同规格动力电池的换电站，可以为相应的不同品牌车辆进行换电。随着技术的进一步改进，标准化换电模式终将会实现。

学习任务 2.6　电动汽车无线充电技术

2.6.1　什么是无线充电技术

无线充电技术允许电动汽车在不使用电线或电缆的情况下自动连入电网进行充、放电。

按充电原理划分，无线充电技术（WPT，wireless power transmission）可以分为三种：无线电波式、电磁感应式、电磁共振式。其中，电磁感应式和电磁共振式在中小距离场合的能量传输效率较高，更适用于电动车充电。

按照充电方式划分，无线充电技术可以分为动态充电和静态充电。动态充电系统易于使用，并且可以为行驶状态下的车辆充电。目前市场上的主要技术开发公司多专注于动态无线充电系统，以满足日益增长的商用电动汽车需求。此外，中国和韩国主要开发的也是动态无线充电系统。

无线充电技术的缺点也很明显：设备成本高，需要大量的公共和私人投资，对充电环境要求严苛，维修费用大且远距离传输能耗较高等。Research and Markets 报告也指出，升级到无线充电技术的高成本可能会抑制无线电动汽车充电市场的增长。无线充电器通过电磁感应和/或电磁共振的传输范围是有一定距离限制的，这种范围限制对制造商提出了严重的挑战，特别是在轻型商用车和 SUV 具有高地面间隙的情况下。

在无线充电技术得以全面投放的那天，纯电动汽车就有了超大电池包，能实现上千公里续航，而且充电时间大大缩短。如果一个"充电五分钟，开车两三天"的技术先行诞生，那么无线充电的痛点就会逐渐消失。

就行业标准方面，目前市场上比较公认的标准是美国汽车工程师协会发布的无线供电汽车充电技术指南——SAE TIR J2954。2018 年，SAE 宣布了一项新的无线和插电式电动汽车推荐规范，使无线充电走上了标准化的轨道。

学习情景 3
电动汽车充电设施

学习任务 3.1　电动汽车充电站介绍

3.1.1　充电站简介

电动汽车动力电池放电后,用直流电或交流电按与放电电流相反的方向通过动力电池,使其恢复工作能力,这个过程称为动力电池充电。动力电池充电时,电池正极与电源正极相连,电池负极与电源负极相连,充电电源电压必须高于电池的总电动势。其充电方式有恒电流充电和恒电压充电两种。一个完整的充电站主要由配电室、中央监控室、充电区、更换电池区和电池维护间五个部分组成。

1. 配电室

为充电站提供所需的电源,不仅给充电桩提供电能,而且要满足照明和控制设备的用电需求;内部建有变配电站、配电监控系统、相关的控制和补偿设备。

2. 中央监控室

用于监控整个充电站的运行情况,并完成管理情况的报表打印等;内部建有充电桩监控系统主机、烟雾传感器监视系统主机、配电监控系统通信接口和视频监视终端等。

3. 充电区

在充电区完成电能的补给;内部建设充电平台、充电桩以及充电站监控系统网络接口,同时应配备至少两种充电设备(直流充电桩和交流充电桩)。

4. 更换电池区

更换电池区是车辆更换电池的场所,需要配备电池更换设备,同时应建设用于存放备用电池的电池存储间。

5. 电池维护间

电池重新配组、电池组均衡、电池组实际容量测试、电池故障的应急处理等工作都在电池维护间进行,其消防等级按化学危险品处理。

3.1.2 充电操作注意事项

(1) 使用便携式交流充电设备时，注意检查插排的质量，同时查看插排可承受的最大电流。

(2) 使用充电设备时，确保地线可靠有效。

(3) 使用便携式充电设备时，避免将充电设备放置在车内及设备异常发热造成烧蚀。

(4) 确保充电枪插接到位，避免因充电过程中充电枪与充电座接触不良造成局部发热。

(5) 请勿将易燃、易爆或可燃材料、化学物、可燃气体等危险物品靠近充电桩。

(6) 保持充电枪头清洁干燥，如有脏污，请用清洁的干布擦拭，严禁带电时用手触碰充电枪内部端子。

(7) 严禁在充电枪或充电线缆存在缺陷、出现裂痕、磨损、破裂，充电线缆裸露等情况下使用充电桩，如有发现，应及时联系工作人员。

(8) 请勿试图拆卸、维修、改装充电桩，如有维修、改装需求，请联系工作人员，不正当的操作可能会造成损坏、漏水、漏电等情况。

(9) 严禁在充电过程中拔卸枪头，确保充电过程中的人身和车辆安全。

(10) 使用过程中如有什么异常情况，可立即按下如图 3-1 所示的"急停"按钮，切断所有输入输出电源。

图 3-1 充电桩急停开关

(11) 如遇下雨打雷天气，请谨慎充电。

(12) 儿童请勿在充电过程中靠近、使用充电桩，以免造成伤害。

(13) 在充电过程中，车辆禁止行驶，在车辆静止时进行充电。混合动力电动车请熄火后再进行充电。

学习任务 3.2 直流充电桩

3.2.1 直流充电桩介绍

在国家能源局发布的直流充电桩相关行业标准《NB/T 33001—2010：电动汽车非车载传导式充电机技术条件》中指出，直流充电桩基本构成：功率单元、控制单元、计量单元、充电接口、供电接口及人机交互系统等。功率单元是指直流充电模块,控制单元是指充电桩控制器。

充电过程:在动力电池两端加载直流电压,以恒定大电流对动力电池充电,当电池的电压缓缓上升到一定程度时,电池电压达到标称值,电池的 SOC 达到 95%(针对不同品牌的动力电池,控制策略有一定的差异),之后继续以小电流恒压充电。典型的直流充电桩原理及充电过程如图 3-2 所示。

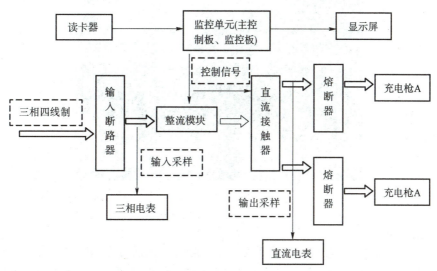

图 3-2 典型的直流充电桩原理及充电过程

3.2.2 直流充电桩发展趋势

1. 超大功率充电堆—功率动态分配—柔性充电

纯电动公交充电站集中停放、运营路线充电的特点决定了其充电解决方案朝超大功率充电堆的方向发展,市场急需解决 30 kW 的充电模块。目前市场上主要使用 15 kW 的充电模块,如图 3-3 所示。

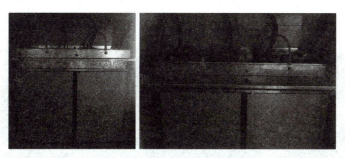

图 3-3 15 kW 直流充电模块

功率动态分配是指每两个直流充电模块后面用一个功率继电器,可以把这两个模块投在 A/B 枪使用,后来深圳奥特迅将功率动态分配命名为柔性充电(图 3-4),当需要大功率、大电流充电时,可以将其他模块投过来使用,小型车辆充电时又可以分开使用,这与功率动态分配其实是一样的意思。对于直流充电桩,其功率低于 180 kW,功率动态分配和柔性充电都是伪需求，但双枪轮充或 A/B 枪均充的方式是有意义的。

充电堆可以利用当前待充电的车辆数量来自动分配给每台车充电的功率，确保将直流充电模块的功率发挥到极致。在充电车辆不多的情况下，每辆车的充电功率很大，可以快速将其充满电，提高充电效率。当然有些充电堆会加入软硬件成本，对充电站实行实时的流量监控，用户可以在 App 上实时查询附近充电站的充电情况，提高充电桩的利用率。

图 3-4　柔性充电堆

2. 社区环形智能充电

对于在社区/大型停车场停放的电动车，中央处理单元通过主动巡检每台车的电池电量，在夜间利用波谷电自动轮流给每台车进行充电。社区/停车场需要安装超级充电堆，其比交流充电的效率更高，相比于安装若干直流充电桩，车主排队充电的灵活性大、成本低。

3. "光储能"充电一体化

"光储能"充电一体化是指光伏、充电、储能三者组合成 PowerWall 新型充电站形态，如图 3-5 所示，电能在光伏电池板、电动汽车、电网、储能电池四者之间自由地流动。直流充电桩既可以由电网给电动汽车充电，也可以由光伏电池板提供，还可以由储能电池提供。电动汽车退役后的电池可以用作储能电池，而将充满电的电动汽车电池和光伏电池板的电能卖给电网。

图 3-5　未来充电站生态

4. 共享充电，免费充电

以互联网的共享思维来思考未来，任何个人安装的充电桩均可以提供给其他车主充电，所有的充电桩随时开放，通过手机 App，车主随时可以找到闲置的个人充电桩。同时充电站可以作为重要的广告场地资源。

截至 2021 年 2 月，小鹏汽车共开放了 888 个免费超充站，覆盖了 120 座城市。

3.2.3 直流充电桩故障汇总及处理方法

直流充电桩故障汇总及处理方法如表 3-1 所示。

表 3-1 直流充电桩故障汇总及处理方法

故障类型	描述	可能原因	处理办法
无法正常充电	枪未检测	没有接地或接地不良	检查各接地线连接是否良好，各接地端之间的电阻值是否少于 1 Ω
		主板坏	检查主控板，尝试更换主板
	接收报文	S+、S-没有接好	
		继电器坏	
	输出继电器故障	模块线束没接好	
	模块通信故障	熔断器烧坏	
	充电没电流	电表没设置好	设置电表
没有电流输出	能进入充电但没有电流输出	1."急停"按下	检查"急停"按钮是否按下
		2. 输出继电器损坏	用万用表检查继电器
IC 卡无效	刷卡提示 IC 卡无效	读卡秘钥不合	设置读卡秘钥
刷卡没反应	刷卡没反应	1. 刷卡器未连接	检查刷卡器的接线是否正确
		2. 刷卡器损坏	尝试更换刷卡器
		3. 控制板损坏	尝试更换控制板
屏幕不亮	显示屏不亮	1. 屏幕电源线接错	检查屏幕电源连接是否正确
		2. 电源电压错误	检查电源电压是否正确，不正确则检查线路
		3. 屏幕损坏	尝试更换屏幕
屏幕亮但没反应	屏幕亮但是无法进入操作界面	1. 主控板没有下载程序	给主控板下载程序（务必确保程序正确）
		2. 屏幕信号线错误	检查通信线是否正确（例如 485 的 A、B 是否反接）
	屏幕亮且能进入操作界面，但点击触摸没有反应	1. 屏幕触摸位置校正异常	长按屏幕，待出现校正界面后重新校正
		2. 屏幕损坏	尝试更换屏幕

续表

故障类型	描述	可能原因	处理办法
指示灯错误	指示灯位置错误	1. 灯线接线错误（例如电源指示灯与运行指示灯位置互换）	检查灯线连接错误，尝试互换指示灯线连接
	指示灯不亮	2. 指示灯线路断开	用万用表检查指示灯线路是否断开，以及电压是否正常
		3. 主控板硬件损坏	尝试更换主板，由硬件工程师检查主板
		4. 灯板损坏	尝试更换灯板
防雷故障	无法进入故障操作界面	防雷检测接错或防雷器没装好	尝试更换防雷器
主板烧不进程序	无法进入操作界面，烧主板程序时主板LED没闪	主板硬件异常，检测主板	尝试更换主板
以太网未连接	可以自动充电	主板网口坏	尝试更换主板
屏幕无法烧程序		格式内存卡时要假设4096	尝试更换显示屏

3.2.4 直流充电桩停机故障代码及说明（鸿嘉利直流充电桩）

直流充电桩停机故障代码及说明（鸿嘉利直流充电桩）如表3-2所示。

表3-2 直流充电桩停机故障代码及说明（鸿嘉利直流充电桩）

序号	描述	说明	主动结束方
1	SOC100%	动力电池已充满电	车
2	达到电池最大总电压		
3	达到单体充电截止电压		
4	绝缘故障	BMS检测到绝缘故障，检查DC+、DC-对PE之间是否有短路或充电模块有损坏；对于双枪直流充电桩应检查功率分配继电器是否粘连	
5	输出连接器温度过高	车检测到充电座温度过高，应检查是否充电口磨损过大或充电枪未插紧；桩输出电流超过充电枪额定电流	
6	BMS接收到温度过高信号		
7	枪已拔出	充电过程中突然拔枪	车/桩

续表

序号	描述	说明	主动结束方
8	电池组温度过高	BMS 检测到动力电池温度过高信号	车
9	其他原因	BMS 检测到故障,可能是绝缘、过流、过压等故障	车
10	电流过大	BMS 检测电流过大	车
11	电压异常	BMS 检测到电压异常,但充电桩无电压输出	车
12	功率过大	BMS 检测到充电功率过大(仅限中国普天充电协议有此故障,如比亚迪 e6 车型)	车
13	手动停止	屏幕或 App 上点结束充电或刷卡结束	车
14	接收完成充电准备报文超时	BMS 不吸合充电接触器,应检查充电桩输出的 12 V 辅助电源是否正常;若 BMS 需要 24 V 的电源,也有可能会报此故障	桩
15	电池请求停止充电	车主动停止充电,但 BMS 未告知结束原因	车
17	接收电池充电参数报文超时	通信报文超时,检查 S+、S- 的电阻值	桩
18	接收电池充电状态报文超时	充电中通信报文超时,若充电过程中经常出现此故障,应检查 S+、S- 通信是否出现干扰,必要时更换 S+、S- 的屏蔽线	桩
19	接收电池充电需求报文超时	充电中通信报文超时,应检查 S+、S- 的线束是否接触不良	桩
20	无电流/电流过小	检测到电流小于停机电流设定值(在充电参数设置中-终止电流,延迟时间),若出现此故障,应检查充电参数是否正常	桩
21	电池组温度过高 2	BMS 检测到单体电池温度过高信号与直流充电桩通信	桩
22	单体电压过高	BMS 检测到单体电压过高	车
23	接收辨识报文超时/连接失败,请检查辅助电源设置	检查辅助电源设置是否正常;S+、S- 信号线是否连接正常	桩
25	达到 SOC 值 2	检测到 SOC 小于停机 SOC 的设定值(在充电参数设置中-终止 SOC,延迟时间),若出现此故障,应检查充电参数是否正常	桩
26	电池反接	充电桩内部的接触器闭合前检测到继电器外侧电压为-20 V,应检测 BMS 电压采样线是否接反	车

续表

序号	描述	说明	主动结束方
27	电池电压异常	充电桩内部的接触器闭合前检测到继电器外侧电压与 BMS 的检测到的实际电压不相符,应检查 BMS 电压采样线	桩
28	电压不匹配	检测到电池电压不在模块正常输出电压范围内,若出现此故障,则应检查出厂设置——模块最低电压、模块最高电压设置是否正确	
29	预充超时	在闭合接触器前充电桩先把电压升高至低于动力电池 5 V,若出现此故障,则说明模块不输出或输出电压不正确	
30	BRO 错误	充电桩输出接触器闭合之前,BMS 控制电池内部接触器断开	
31	辅助电源欠压	检查充电枪辅助电源是否不输出	
32	辅助电源过压	检测到辅助电源过压,检查 12 V 和 24 V 是否接错交叉或开关电源有故障	
33	电表故障	电表通信异常	
51	绝缘故障(正极)	检查充电桩的绝缘性	
52	绝缘故障(负极)		
54	绝缘检查欠压	充电桩检查绝缘时模块不输出	桩
55	急停		
56	防雷模块故障		
57	输出接触器故障		
58	门禁异常		
59	模块通信故障		
60	功率分配正接触器故障		
61	功率分配负接触器故障		
62	功率切换故障	从单模式切换到双枪模式超时,模块泄放太慢或软件故障	
64	充电桩体过温	充电桩温度检测到桩体温度 5 s 内超过 82 ℃	
65	充电枪过温	检测到充电枪温度持续 5 s 内超过 100 ℃	
69	余额不足	账户余额已用完	
70	达到设定的充电度数		
71	达到设定的充电时间		
72	达到设定的充电金额		

学习任务 3.3　交流充电桩

3.3.1　交流充电桩介绍

交流充电桩是指固定安装在电动汽车外,通过与交流电网相连,采用传导方式为具有车载充电机的电动汽车提供交流电源的装置,一般由桩体、充电插座、保护控制装置、计量装置、读卡装置、人机交互界面等组成。市面上能见到的交流充电桩功率一般都不大于 7 kW。交流充电桩原理框图如图 3-6 所示。

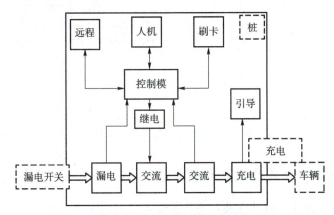

图 3-6　交流充电桩原理框图

常用的交流充电桩（图 3-7）可分为一桩一充式和一桩双充式及壁挂式充电桩。目前所有的交流充电桩都采用 GB/T 20234.2—2015《电动汽车传导用连接装置 第 2 部分 交流充电口》中规定的七孔充电枪,充电枪插头端子及定义如图 3-8 所示。

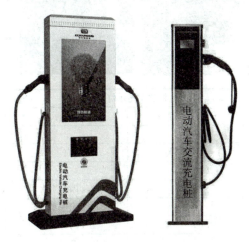

图 3-7　交流充电桩

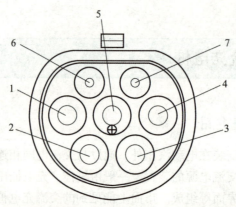

序号	端子号	端子定义
1	L	交流充电电源
2	NC1	空脚（2018款之前的e5才有此电源）
3	NC2	空脚（2018款之前的e5才有此电源）
4	N	中性线
5	PE	保护地线
6	CC	充电连接
7	CP	连接确认

图 3-8 交流充电枪端口布置图及端子定义

3.3.2 比亚迪壁挂式交流充电桩介绍

比亚迪壁挂式交流充电桩外观及状态指示灯含义如图 3-9 所示。

充电桩状态指示灯对应表				
序号	BYD	充电指示灯	故障指示灯	备注
1	常亮	常亮	/	待机
2	常亮	1 s 闪烁 1 次	/	充电中
3	常亮	亮 2 s、灭 2 s	/	充满
4	常亮	/	1 s 闪烁 1 次	过温保护
5	常亮	/	3 s 闪烁 1 次	过流故障
6	常亮	/	5 s 闪烁 1 次	CP 短路
7	常亮	/	常亮	CP 异常故障

图 3-9 比亚迪壁挂式交流充电桩外观及状态指示灯含义

3.3.3 比亚迪壁挂式交流充电桩安装注意事项

1. 安装环境

（1）将壁挂式充电桩固定好，靠近充电车辆。
（2）安装位置方便观察到充电指示灯及操作。
（3）要求通风良好、环境清洁。
（4）充电桩不应该安装在有剧烈振动、易燃易爆、地势低洼和有积水的地方。

2. 接线要求

（1）充电桩输入的电缆应为铜导线，7 kW 的交流充电桩的线径截面积为 6 mm², 40 kW 的交流充电桩的线径为截面积 10 mm²。
（2）充电桩输入电缆必须配备管型接线端子，确保端子压紧、接线牢靠。
（3）确保充电桩使用安全、地线安装有效。
（4）禁止私自改装充电枪延长线。

3. 安全检查要求

（1）充电桩输入电缆线径符合要求；
（2）确保压线端子牢固、可靠，端子连接处力矩要求：3 N·m±0.3 N·m。
（3）检查充电桩输入进线是否安装正确。
（4）用万用表检测充电桩输入进线的电压是否正常[AC220 V/380 V×(1±10%)]。

3.3.4 比亚迪壁挂式交流充电桩不规范示例

比亚迪壁挂式交流充电桩不规范安装如图 3-10 所示，主要集中在以下两方面：

风险点：未使用规定的接线端子。
安全隐患：私自延长的线束不符合要求，无法使用规定的接线端子，虽然线径足够，但是实心线容易导致端子接触不良，使接线端子发热烧毁，甚至引起火灾

风险点：线束锁紧头未锁紧。
安全隐患：锁紧头是为了固定线束，保证内部接线端子稳定的。未锁紧的话，线束的摆动会导致内部接线端子松动接触不良甚至脱落

风险点：私自延长的线束不符合要求。
安全隐患：容易导致接触不良，发热烧毁

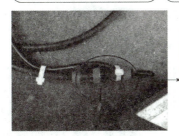
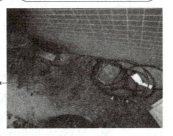
风险点：客户私自延长线束，无法保证客户用电安全，也会影响充电效率

图 3-10 比亚迪壁挂式交流充电桩不规范安装

(1) 私自改装加长充电枪电缆。
(2) 充电桩内的输入线端子未拧紧。

3.3.5 交流充电桩停机故障代码及说明（鸿嘉利交流充电桩）

交流充电桩停机故障代码及说明（鸿嘉利交流充电桩）如表3-3所示。

表3-3 交流充电桩停机故障代码及说明（鸿嘉利交流充电桩）

代码	描述	说明
1	手动停止	屏幕上或App上点击结束充电或刷卡结束
2	枪已拔出	充电过程中拔枪
3	车辆请求关机	CP信号从6 V切换到9 V
5	达到设定的充电度数	达到设定的阈值
6	达到设定的充电时间	
7	达到设定的充电金额	
8	漏电	充电桩检测到漏电，漏电电流大于30 mA，仅限不带电表桩有此故障
9	余额不足	账户余额已用完
10	过流	充电桩持续检测到5 s电流大于设定的电流保护值（在出厂设置-设置过流值），若出现此故障，则应先检查此设置
11	急停	按下"急停"按钮，向右旋转即可
13	无电流输出，关机	充电桩持续检测到3 min电流小于1 A
16	车辆未准备就绪	充电桩启动后，CP信号一直处于9 V（20 s后充电结束）
17	电表故障	电表通信故障

3.3.6 比亚迪壁挂式交流充电桩案例分析

1. 不能充电，充电桩电源指示灯不亮故障1

不能充电，充电桩电源指示灯不亮故障排除方法如表3-4所示。

表3-4 不能充电，充电桩电源指示灯不亮故障排除方法

故障现象	不能充电，充电桩电源指示灯不亮
故障分析	漏电开关跳闸，重新合闸测试正常
检修方法	检查供电端电压正常、电网正常，打开检修口查看漏电开关是否断开，重新合闸测试
漏电开关的作用	防止电气设备和线路漏电引起的触电事故及电路过载时保护后端器件及线路不受损坏。漏电保护开关偶尔跳闸一次属于正常情况，合闸即可

打开检修口，确认断路器是否跳闸，如跳闸则合闸即可

2. 不能充电，充电桩电源指示灯不亮故障 2

不能充电，充电桩电源指示灯不亮故障排除方法如表 3-5 所示。

表 3-5　不能充电，充电桩电源指示灯不亮故障排除方法

故障现象	不能充电，充电桩电源指示灯不亮
故障分析	向右旋转"急停"按钮正常，测试正常
检修方法	检查供电端电压正常，电网正常，确保"急停"按钮不被按下，重新向右旋转即可
急停开关的作用	紧急情况下，按下"急停"按钮即可断开电源，交流充电桩停止工作。恢复时向右旋转即可。温馨提示："急停"按钮只在紧急情况下使用

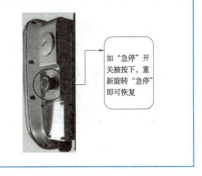

如"急停"开关被按下，重新旋转"急停"即可恢复

3. 不能充电，接线端子烧蚀故障

不能充电，接线端子烧蚀故障排除方法如表 3-6 所示。

表 3-6　不能充电，接线端子烧蚀故障排除方法

故障现象	不能充电，接线端子烧蚀
故障分析	接线端子未拧紧，端子接触不良，发热导致烧蚀
检修方法	充电桩输入电缆导体结构为铜绞线，输入电缆要求压接充电桩要求的管型端子，接线端子应拧紧，力矩要求：3 N·m±0.3 N·m

4. 无法充电，更换车载充电机后可以正常充电，将车辆交付给客户后又出现无法充电故障

无法充电，更换车载充电机后可以正常充电，将车辆交付给客户后又出现无法充电故障排除方法如表 3-7 所示。

表 3-7　无法充电，更换车载充电机后可以正常充电，将车辆交付给客户后又出现无法充电故障排除方法

故障现象	无法充电，更换车载充电机后可以正常充电，将车辆交付给客户后又出现无法充电故障
故障分析	充电桩内部 PCB 上的电子元件烧坏，错把 AC 220 V 安装在 AC 380 V 上
使用说明	交流充电桩应采用单相三线制（L、N、PE），必须将各线安装在对应的端子上。严禁将充电桩输入线安装三脚插头，否则会造成插头烧毁，甚至引发安全隐患 [7 kW 以下的充电桩输入电压为：AC 220 V×（1±10%）]

严禁在充电盒前端接三芯插头

严禁接入 380 V 交流

3.3.7 交流充电站故障判断

交流充电站故障判断如图 3-11 所示。

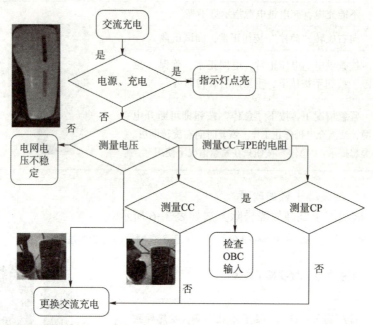

图 3-11 交流充电站故障判断

注意：根据充电桩新国标标准，便携式 2 kW 充电设备的 CC 与 PE 间的电阻值为 1.5 kΩ，7 kW 交流充电桩 CC 与 PE 间的电阻值为 220 Ω，40 kW 的三相交流充电桩 CC 与 PE 间的电阻值为 100 Ω。

学习任务 3.4　电动汽车换电站

3.4.1 电动汽车换电技术

目前电动汽车采用直流充电、交流充电以及正在试点的无线充电和电池更换的方式进行补能，其中换电技术是将车辆需要充电的动力电池通过机器人将其拆下，换上已经充满电的动力电池，实现电动汽车能量的快速补给。部分主机厂换电站如图 3-12 所示。

图 3-12 部分主机厂换电站

国家加快推动"车电分离"管理规范和技术规范研究制定，鼓励蔚来、北汽等企业根据适用场景研发换电模式车型，支持北京、海南等地方开展换电模式试点推广，推动新能源汽车产业高质量发展。试点推广新能源汽车换电模式：制定《电动汽车换电安全要求》国家标准，支持电动乘用车整体式快速更换电池箱等团体标准的制定工作，为换电式电动汽车提供开发设计指导和安全测试依据。

3.4.2 电池更换技术

电池更换方式可以利用低谷时段电力给动力电池充电，同时又可以在短时间内完成电动汽车的电能补给过程，整个电池更换过程可以在 5 min 内完成，与传统燃油车补给时间差不多。采用电池更换模式可以在电池拆卸下来后及时检测出异常的单体电池，检测单体电池的内阻、电压等指标数据，通过数据对比判断动力电池健康状况，并根据实际需求对动力电池组进行均衡充放电处理，对动力电池维护有积极意义。同时又可以降低电池组深度放电，提高动力电池组的使用寿命及动力电池的使用经济性。

由于电池更换技术要经常插拔高压接插件和冷却水管，因此高压接插件需要有防呆设计，同时要求高压接插件的插拔及水管卡箍的使用寿命至少在 10 000 次以上。

1. 整车充电和换电方式的优劣对比

整车充电和换电方式的优劣对比如表 3-8 所示。

表 3-8 整车充电和换电方式的优劣对比

对比	整车充电方式	换电技术
优势	①充电设施相对简单； ②国标统一充电口	①提高车辆使用效率，缩短车辆补能时间； ②更换下来的电池可以利用波谷电力给电池充电，降低充电成本，提高换电车辆的经济性； ③解决充电等待时间长的问题，降低驾驶员里程焦虑感； ④便于电池组的维护、保养，提高电池的使用寿命； ⑤有利于电池回收再利用
劣势	①交流充电时间长，用户便利性差； ②直流充电会影响动力电池的使用寿命； ③用户随机充电对整体电网负荷冲击大，降低电网的运行效率和安全性	①换电站的造价高； ②不同车型不能进行换电操作； ③各个主机厂的标准不统一

2. 各类电动汽车充换电需求

各类电动汽车充换电需求如表 3-9 所示。

表 3-9 各类电动汽车充换电需求

电动汽车类型	充换电需求
公交车	要求一次充换电至少应满足单程运行里程，紧急情况下应能实现电能快速补给；可利用停运时段换电，每日需多次充换电

续表

电动汽车类型		充换电需求
出租车		每日需要多次充换电，且用电量变化大，停运时间短，对充换电要求高
特种车辆	特殊园区用车	行驶路线固定，每日需要充电，车辆使用频繁
	环卫、邮政用车	行驶路线固定，每日需要充电
	公务用车	行驶路线不固定，可能需要多次充电
	物流用车	行驶路线不固定，可能需要多次充电
私家车		夜间基本停运，可利用低谷时段电力充电，也可以选择换电

1) 公交车

用来满足公共交通需要，行驶路线固定，一般在首末站点建有大型停车场，夜间大部分车辆停运。每天公交车行驶里程长，用电量大，一次充电难以满足一天的运行要求，为了保证车辆运营时间，需要实现快速电量补给，适宜采用换电为主、整车充电为辅的方式。可在停车场或充电站建设换电站。

2) 出租车

出租车的运行线路和区域具有不确定性，并且一般每天 24 h 连续运营。由于每日行驶里程长，用电量大，一次充电难以保证当日续航里程要求，故可以采用换电的方式快速补给电能。可以在市区适当的位置建设换电站。

3) 环卫车、邮政用车

运行线路固定，在所属单位有自己的停车场，可在单位停车场建设专用充换电站。

4) 物流车

运行路线不是很固定，而且一天运行的里程程长，用电量大，一次充电难以保证当日续航里程要求，可以采用换电的方式快速补给电能。可以在市区适当的位置建设换电站。

3.4.3 电动汽车充换电站需求分析

1. 需求特点

1) 存储电能多，充电功率大

一台普通纯电动轿车的存电能力约为 40 kW·h，相当于普通家庭半个月的用电量。为了能够在短时间内将电动汽车的动力电池充满电，需要比较大功率的充电机，目前的车载充电机（OBC）的充电功率为 7 kW 以下，若使用 7 kW 的交流充电桩为电动汽车充电需要 6 h 左右。专用直流充电桩的充电功率在 60~180 kW，使用 60 kW 的直流充电桩为电动汽车充电只需要 40 min 左右。对于电动汽车的充电时间越短，充电桩的功率就越大。

2) 运行距离近

一般电动汽车最大行驶里程约为 400 km，考虑到路况、空调、安全系数、电池衰减等因素，实际单程运行约为 300 km。如果没有充电站（桩）的支持，则其活动半径不应超过 150 km。

2. 中期需求（2016—2020 年）

随着电动汽车销售数量的明显上升，对充电站（桩）的数量和建设位置提出了更高的要求，除相应的交流充电桩增多外，直流充电桩要几乎达到每个超市、停车场、办公楼、小区中型单位等至少一个的配置，中心城市至少要配置 1 000~2 000 个直流充电桩。

3. 远期需求预测（2020年以后）

自纳入"新基建"以来，我国充电基础设施建设进入积极发展阶段，地方政府争相发布相关布局规划，加快充换电基础设施建设，积极引导、促进充电桩行业的建设与发展。截至2020年12月，联盟内成员单位总计上报公共类充电桩80.7万台。截至2021年11月，联盟内成员单位总计上报公共类充电桩109.2万台，环比增加3.0万台，同比增长57.1%。从2020年12月到2021年11月，月均新增公共类充电桩约3.3万台。由于充电桩的发展提速，随车配建充电设备增加。2016年随车配建充电桩保有量不足10万台，2020年突破至80万台。2021年1—11月随车配建充电设施增量持续上升，同比上升198.1%，公共充电基础设施增量同比上涨59.1%。截止2021年11月，随车配建充电桩129.3万台。

由于充电桩领域的发展，这几年与充电桩相关的企业数量呈现出了飞速增长的趋势。2016年我国充电桩相关企业注册量仅7 781家，2017年突破1万家，2020年突破2万家达到24 049家。2021年科技企业跨界造车，带动充电桩相关企业增加。2021年充电桩相关企业注册量突破5万家达到52 634家。截止到2021年年底，全国充电运营企业所运营公共充电桩数量超过1万台的共有13家，分别为星星充电运营25.7万台、特来电运营25.2万台、国家电网运营19.6万台、云快充运营14.5万台、南方电网运营4.1万台、依威能源运营3.5万台、汇充电运营2.7万台、深圳车电网运营2.6万台、上汽安悦运营2.3万台、万马爱充运营2.0万台、中国普天运营2.0万台、万城万充运营1.2万台、亨通·鼎充运营1.1万台，这13家运营商所运营公共充电桩数量占总量的92.9%，其余运营商占总量的7.1%。

为了更好地推进充电桩等电动汽车充电基础设施的建设，国家陆续出台补贴政策。2020年3月，财政部、工信部等四部委发布《关于进一步完善新能源汽车推广应用财政补贴政策的通知》强调，降低新能源汽车补贴标准，转为用于支持充电基础设施"短板"建设和配套运营服务。各地推出充电桩补贴政策，北京对社会公用充电设施日常补贴，单个充电站最高可获得每年20万元奖励。山东将按照单桩参照额定输出功率，给予一次性奖补，其中，直流快充桩奖补400元/kW，奖补上限4.8万元/桩。

学习情景 4

电动汽车充电标准

学习任务 4.1　电动汽车充电连接器标准

4.1.1　国外充电连接器标准

1. Combo

Combo 插座可以允许电动车慢充和快充,是目前在欧洲应用的最广的插座类型,包括奥迪、宝马、克莱斯勒、戴姆勒、福特、通用、保时捷以及大众都配置了 SAE(美国汽车工程师协会)所制定的充电界面。Combo 充电插头外观如图 4-1 所示。

图 4-1　Combo 充电插头外观

2012 年 10 月 2 日,SAE 相关委员会成员投票通过的 SAE J1772 修订草案成为全球唯一一个正式的直流充电标准。该标准的推出是为了改变鱼龙混杂的充电系统的现状,提升消费者对于电动车的购买积极性。基于 J1772 修订版制定的关于直流快速充电的标准,其核心为 Combo Connector。

该标准之前的版本（2010 年制定）明确了用于交流电充电的基础 J1772 连接器的规格，充电水平较低（交流 Level 1 针对 120 V，Level 2 针对 240 V）。这种基础连接器今天已经得到广泛的应用，与日产聆风、雪佛兰沃蓝达以及三菱 i-MiEV 电动车兼容。而 2012 年制定的新版 J1772 标准中的 Combo Connector 除了具备原来的所有功能外，还多了两个引脚，可用于直流快充，但无法与当前生产的旧款电动车兼容。

优点：Combo Connector 的最大好处在于，未来汽车制造商可以在其新车型上采用一个插座，不仅适用于第一代尺寸较小的基础交流连接器，还适用于第二代尺寸较大的 Combo Connector，后者可以提供直流及交流两种电流，分别以两种不同的速度充电。

缺点：快充模式下需要充电站提供最高 500 V 电压和 200 A 电流。

2. CHAdeMO

CHAdeMO 是 CHArge de Move 的缩写，是日本日产及三菱汽车等支持的 CHAdeMO 插座，CHAdeMO 从日语翻译过来意思为"充电时间短如茶歇"。这种直流快充插座可以提供最大 50 kW 的充电容量。CHAdeMO 充电插头的外观如图 4-2 所示。

图 4-2 CHAdeMO 充电插头的外观

支持该充电标准的电动汽车车型包括日产聆风、三菱 Outlander 插电混动车、雪铁龙 C-ZERO、标致 iON、雪铁龙 Berlingo、标致 Partner、三菱 i-MiEV、三菱 MINICAB-MiEV、三菱 MINICAB-MiEV 卡车、本田飞度电动版、马自达 DEMIO EV、斯巴鲁 Stella 插电混动车、日产 eEV200 等。这里需要注意的是，日产聆风和三菱 i-MiEV 电动车都有两个不同的充电用插座，其中一个是适用于基础 J1772 的连接器，就是前面介绍的 Combo 连接器；另外一个是适用于日本本土的 CHAdeMO 标准的连接器。

CHAdeMO 采用的快速充电方式，其电流受控于汽车的 CAN 总线信号，即在监视电池状态的同时，实时计算充电所需电流值，通过通信线向充电器发送通知，快速充电器及时接收来自汽车的电流命令，并按规定值提供电流。

通过电池管理系统一边监视电池状况，一边实时控制电流，完全实现了快速、安全充电所需的各项功能，确保充电不受电池通用性限制。在日本，按照 CHAdeMO 标准安装的快速充电站有 1 154 座投入使用；在美国，CHAdeMO 的充电站也已广泛"撒网"，来自美国能源部的最新数据显示，美国现有 1 344 座 CHAdeMO 交流快速充电站。

优点：CHAdeMO 除了采用数据控制线外，还采用 CAN 总线作为通信接口，其抗噪性优越且检错能力高，通信稳定性，可靠性高。其良好的充电安全记录受到了业内的肯定。

缺点：CHAdeMO 最初设计的充电输出功率为 100 kW，连接器十分笨重，但在充电车的输出功率仅为 50 kW。

3. CCS

为了改变混乱的充电接口标准现状，美系和德系的八大厂商福特、通用、克莱斯勒、奥迪、宝马、奔驰、大众和保时捷于 2012 年发布了联合充电系统。联合充电系统（Combined Charging System），即 CCS 标准，其充电插头外观如图 4-3 所示。

图 4-3 CCS 充电插头外观

联合充电系统可将现行所有充电接口统一起来，这样，用一种接口就能够完成单相交流充电、快速三相交流充电、家用直流充电和超速直流充电四种模式。

AE 已选定联合充电系统作为其标准，除 SAE 外，欧洲汽车制造商协会（ACEA）也已宣布选择联合充电系统作为直流/交流充电界面，并从 2017 年开始用于所有在欧洲销售的插电式电动车。自德国与中国统一了电动车充电标准后，中国也加入了欧美系这一阵营，为中国的电动车发展带来前所未有的机遇。之诺 1E、奥迪 A3 e-tron、北汽 E150EV、宝马 i3、腾势、大众 e-up、长安逸动 EV 和 Smart EV 均属于 CCS 标准阵营。

优点：宝马、戴姆勒以及大众这三家德国汽车制造商将加大对中国的电动车投入，CCS 标准或更有利于中国。

缺点：支持 CCS 标准的电动汽车，或者销量较小，或者刚刚开始发售。

4.1.2 国内充电连接器标准

中国在 2006 年就发布了《电动汽车传导充电用插头、插座、车辆耦合器和车辆插孔通用要求》（GB/T 20234—2006），这个国家标准详细规定了充电电流为 16 A、32 A、250 A 交流和 400 A 直流的连接分类方式，主要借鉴了国际电工委员会（IEC）2003 年提出的标准，但是这个标准并未规定充电接口的连接针数、物理尺寸和接口定义。

2011 年，中国又推出了 GB/T 20234—2011 推荐性标准，替换了部分 GB/T 20234—2006 中的内容，其中规定：交流额定电压不超过 690 V，频率 50 Hz，额定电流不超过 250 A；直流额定电压不超过 1 000 V，额定电流不超过 400 A。交、直流充电枪外观分别如图 4-4 和图 4-5 所示。

优点：相比于 2006 版的国标，对更多充电接口参数进行了详细标定。

缺点：标准仍不够完善。另外，其只是推荐性标准，也并未强制执行。

图 4-4 GB/T 20234—2011 交流充电枪外观

图 4-5 GB/T 20234—2011 直流充电枪外观

学习任务 4.2 交流充电标准

4.2.1 交流充电国家标准

根据国标 GB/T 20234.2—2015《电动汽车传导充电用连接装置第 2 部分：交流充电接口》规定，电动汽车传导充电用交流充电接口，其额定电压不超过 440 V（AC），频率为 50 Hz，额定电流不超过 32 A。

标准规定，在国内生产与销售的电动汽车车辆接口和充电接口分别包含 7 对触点，其电气参数值及功能定义如表 4-1 所示。

表 4-1 交流充电接口电气参数值及功能定义

触点编号/标识	额定电压和额定电流	功能定义
1/L1	250 V，10 A/16 A/32 A	交流电源（单相）
	440 V，16 A/32 A/63 A	交流电源（三相）
2/L2	440 V，16 A/32 A/63 A	交流电源（三相）

续表

触点编号/标识	额定电压和额定电流	功能定义
3/L3	440 V, 16 A/32 A/63 A	交流电源（三相）
4/N	250 V, 10 A/16 A/32 A	中线（单向）
	440 V, 16 A/32 A/63 A	中线（三相）
5/接地	—	保护接地（PE），连接供电设备地线和车辆车身地线
6/CC	30 V, 2 A	充电连接确认
7/CP	30 V, 2 A	控制确认

交流充电接口车辆充电插头触点和车辆充电插座触点布置如图 4-6 所示。

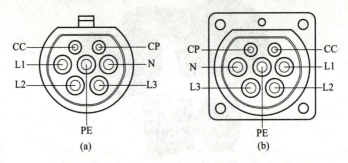

图 4-6 充电插头布置、插座布置
(a) 充电插头（充电线束端）布置；(b) 充电插座（车辆端）布置

在交流充电过程中，首先连接保护搭铁端子，最后连接控制确认端子。在脱开过程中，首先断开控制确认端子，最后断开保护搭铁端子。交流充电连接界面如图 4-7 所示。

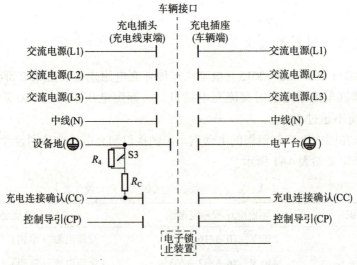

图 4-7 交流充电连接界面

4.2.2 交流充电工作过程

1. 交流充电系统组成原理

在交流充电模式下，充电系统主要由供电设备（充电桩）、交流充电接口、车载充电器、高压控制盒、动力电池、整车控制器（VCU）、高压线束和低压控制线束等组成。交流充电系统结构原理如图4-8所示。

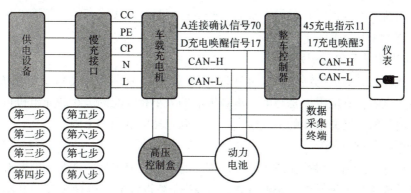

图4-8　交流充电系统结构原理

充电枪连接通过车载充电机（充电器）反馈到整车控制器，再唤醒仪表显示连接状态（负触发）；充电机同时唤醒整车控制器和动力电池管理模块（正触发），整车控制器唤醒仪表，显示充电状态（负触发）；正、负主继电器由整车控制器发出指令，并由动力电池管理模块控制闭合。

交流充电系统工作电路如图4-9所示，充电桩通过CC连接确认信号后，把S1开关从12 V端切换到PWM端；当检测点1电压降到6 V时，充电桩K1/K2开关闭合，输出电流。

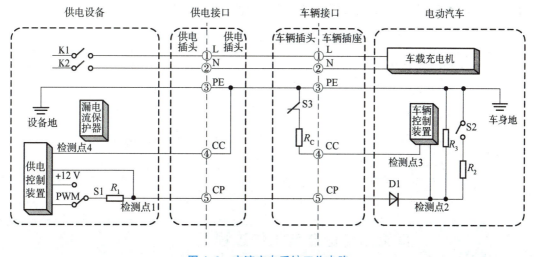

图4-9　交流充电系统工作电路

2. 交流充电控制引导

对电动汽车的充电接口而言，物理结构的标准化只是保证了接口物理连接的互换性，除此之外，还需要用控制导引电路来完成连接状态的判断和对充电过程的安全控制。充电控制导引电路的主要功能包括判断充电连接状态、识别充电电缆承载的电流和实现带载安全切断保护等。在目前国内外的充电接口标准中，控制导引电路部分已基本可以兼容。我国的交流充电接口标准中规定的控制导引电路如图 4-9 所示。

1) 连接状态判断

在交流充电接口的 7 个针脚中，CC 针和 CP 针最短，CC 针或 CP 针与对应的插孔导体连接后，则表明所有的针脚都已经连接，这时可以通过检测点 1、检测点 2 和检测点 3 的电压变化进行判断。供电控制装置可以根据这些电压值判断连接状态是否正确，从而控制主回路开关 K1、K2 的闭合或打开。

2) 充电电缆承载电流识别

目前，我国的交流充电连接装置可分为 16 A 和 32 A 两种电流等级。电阻 R_C 是充电连接装置的内置电阻，其电阻值是与电缆承载电流的大小相匹配的。车载充电机可以通过判断检测点 3 的电压值来判断电缆的承载能力，从而确定充电电流的上限。

3) 带载切断安全保护

在充电过程中，由于误操作或者意外原因，有可能使充电插头在带载时断开，从而控制导引电路降低或避免这种操作带来的危害。开关 S3 被设计成与机械锁按钮联动，当机械锁被按下时，车载充电机可以通过检测点 3 的电压变化判断充电插头有拔出的趋势，从而在主回路断开前提前降低或切断电流输出，避免拉弧或其他危害。另外，由于 CC 针和 CP 针为短针，两个控制导引针会先于主回路的针和 N 针断开，利用这个时间差，充电装置可以通过检测点 1 或检测点 4，车载充电机可以通过检测点 2 和检测点 3 的电压变化判断出充电插头将要断开，从而在主回路断开前提前降低或切断电流输出，避免拉弧或其他危害。

4) 控制导引信号

供电控制装置生成 PWM（脉冲宽度调制）信号，利用其占空比来表示充电电流的允许限值，PWM 占空比与充电电流允许限值的映射关系如表 4-2 所示。

表 4-2 PWM 占空比与充电电流允许限值的映射关系

PWM 占空比 D	最大充电电流 I_{max}/A
$D<10\%$	不允许
$10\% \leq D \leq 85\%$	$I_{max} = D \times 100 \times 0.6$
$85\% < D \leq 89\%$	$I_{max} = (D \times 100 - 64) \times 2.5$
$D>89\%$	不允许

学习任务 4.3　直流充电标准与工作过程

4.3.1　直流充电标准

根据国标 GB/T 20234.3—2015《电动汽车传导充电用连接装置第 3 部分：直流充电接

口》规定,电动汽车传导用直流充电接口额定电压不超过 1 000 V（DC）,额定电流不超过 250 A（DC）。

标准规定,直流充电接口的车辆插头和车身插座分别包含 9 对触点,其电气参数值及功能定义如表 4-3 所示。

表 4-3　直流充电接口参数值及功能定义

触点编号/标识	额定电压和额定电流	功能定义
1/DC+	750 V/1 000 V, 80 A/125 A/200 A/250 A	直流电源正极,连接直流电源正极与动力电池正极
2/DC-	750 V/1 000 V, 80 A/125 A/200 A/250 A	直流电源负极,连接直流电源负极与动力电池负极
3/接地	—	保护接地（PE）,连接供电设备地线
4/S+	30 V, 2 A	充电通信 CAN-H,连接非车载充电机与电动汽车的通信线
5/S-	30 V, 2 A	充电通信 CAN-L,连接非车载充电机与电动汽车的通信线
6/CC1	30 V, 2 A	充电连接确认 1
7/CC2	30 V, 2 A	充电连接确认 2
8/A+	30 V, 20 A	低压辅助电源正,连接非车载充电机,为电动汽车提供低压辅助电源
9/A-	30 V, 20 A	低压辅助电源负,连接非车载充电机,为电动汽车提供低压辅助电源

直流充电接口车辆充电插头触点和车辆充电插座触点布置如图 4-10 所示。

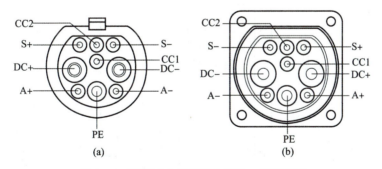

图 4-10　直流充电接口充电插头、插座布置
（a）充电插头（充电线束端）；（b）充电插座（车辆端）

充电插头和车座在连接过程中触头耦合的顺序为保护接地→直流电源正→直流电源负→车辆端连接确认→低压辅助电源正与低压辅助电源负→充电通信与供电端连接确认；在脱开的过程中则顺序相反。直流充电接口的连接界面如图 4-11 所示。

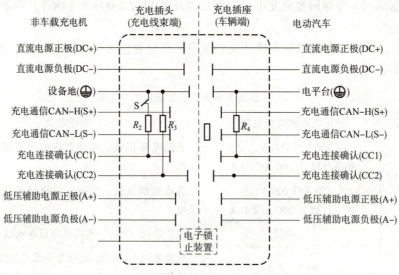

图 4-11 直流充电接口的连接界面

4.3.2 直流充电原理与协议

1. 直流充电原理

直流充电模式系统结构原理如图 4-12 所示。整车控制器是快速充电功能的主控模块，将快速充电接口由充电桩连接至车辆快充接口以后，整车控制器通过 CC 线判断充电接口已经正确连接，并启用唤醒线路唤醒车辆内部充电系统电路及部件。整车控制器通过输出高压接触器接通指令至高压控制盒，实现快速充电桩与动力电池之间高压电路的接通。当接通并实现充电时，整车控制器向仪表输出正在充电的显示信息。

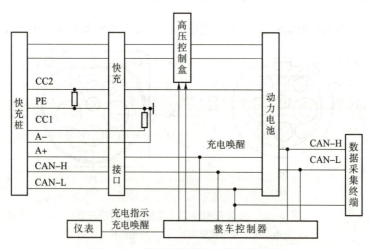

图 4-12 直流充电模式系统结构原理

2. 充电过程

如图 4-13 所示，国内已经发布的非车载充电机与 BMS 之间通信协议的各相关标准对于整个充电过程的划分基本一致，主要包括充电握手、充电参数配置、充电和充电结束四个阶段。在各个阶段，充电机与 BMS 如果在规定的时间内没有收到对方报文或没有收到正确报文，即判定为超时。国家标准、汽车行业标准和能源局标准中规定的超时时间为 5 s，深圳市地方标准和南方电网企业标准中规定的超时时间为 10 s。当出现超时后，BMS 或充电机发送错误报文，并进入错误处理状态。下面将以 GB/T 27930—2011《电动汽车非车载传导式充电机与电池管理系统之间的通信协议》为例对充电机与 BMS 在整个充电过程中各阶段的通信流程进行分析。

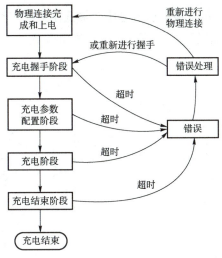

图 4-13　充电的整体流程

1）充电握手阶段

当充电机和 BMS 物理连接完成并上电后，BMS 首先检测低压辅助电源是否匹配，如果低压辅助电源匹配，则双方进入充电握手阶段，确定充电机编号、BMS 通信协议版本号、电池类型、整车动力蓄电池系统的额定容量和额定总电压等信息。充电握手阶段的具体流程如图 4-14 所示。

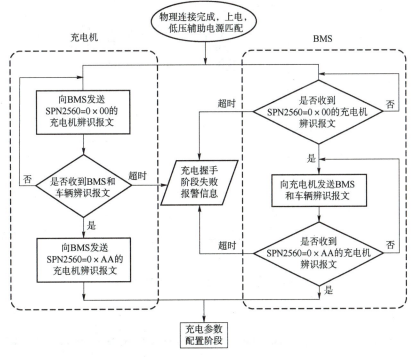

图 4-14　充电握手阶段的具体流程

2）充电参数配置阶段

充电握手阶段完成后，充电机和 BMS 进入充电参数配置阶段。BMS 向充电机发送电池充电参数报文，确定单体动力蓄电池的最高允许充电电压和电流、动力蓄电池的标称总能量、最高允许充电总电压、最高允许温度、整车动力蓄电池的荷电状态和总电压；充电机向 BIS 发送最大输出能力报文，包括最高输出电压、最低输出电压和最大输出电流。BMS 则根据充电机的最大输出能力判断是否能够进行充电。充电参数配置阶段的具体流程如图 4-15 所示。

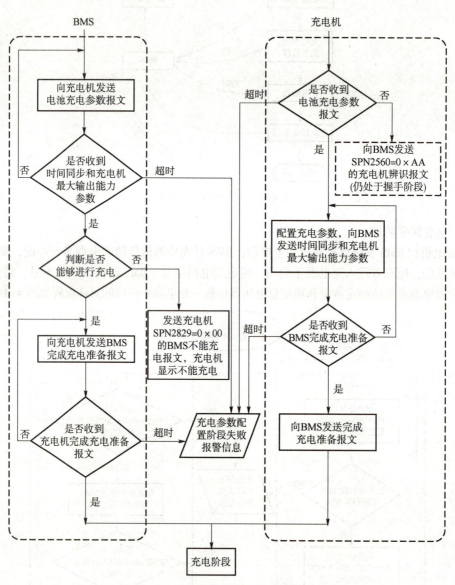

图 4-15　充电参数配置阶段的具体流程

3）充电阶段

充电配置阶段完成后，充电机和 BMS 进入充电阶段。在整个充电阶段，BMS 实时向充电机发送电池充电需求（电压需求、电流需求和充电模式），充电机根据电池充电需求调整充电电压和充电电流,以保证充电过程的正常进行。在充电过程中,充电机和 BMS 始终向对方发送各自的充电状态信息。电池充电信息包括充电电压、充电电流、最高单体电压、当前荷电状态、估算剩余时间、各单体电池的电压和温度;充电机充电信息包括输出电压、输出电流和累计充电时间。充电阶段的具体流程如图 4-16 所示。

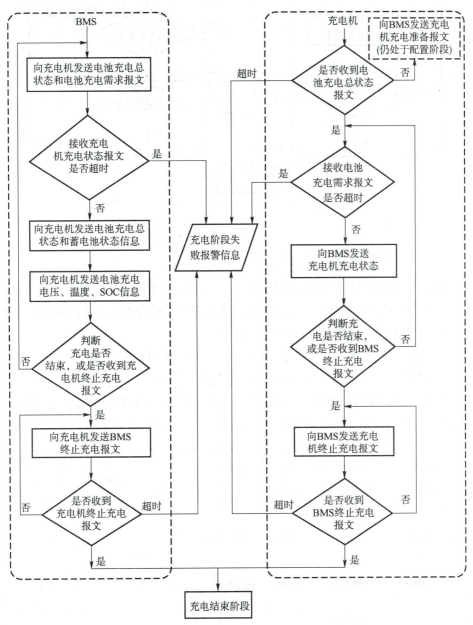

图 4-16 充电阶段的具体流程

4) 充电结束阶段

当充电机和 BMS 停止充电后,双方进入充电结束阶段。BMS 向充电机发送整个充电过程的充电统计数据,包括初始 SOC、终止 SOC、电池最低电压和最高电压;充电机收到 BIS

的充电统计数据后,向 BMS 发送整个充电过程中的输出电量、累计充电时间等信息,最后停止低压辅助电源的输出。充电结束阶段的具体流程如图 4-17 所示。

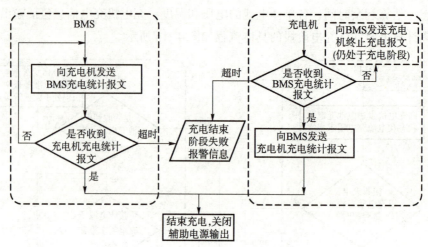

图 4-17　充电结束阶段的具体流程

4.3.3　直流充电报文介绍

CAN BUS 线是应用最广泛的现场总线之一,在电动汽车行业广泛使用。通过截取 BMS 和直流充电机之间的 CAN 报文,可详细分析充电过程是否符合相关协议,以查找故障原因。正确解读报文是查找汽车充电故障的有效措施之一。

直流充电过程参照图 4-13,在充电握手阶段、充电参数配置阶段、充电阶段、充电结束阶段会有报文产生,另外系统出现故障还会产生错误报文。

这里以国家标准 GB/T 27930—2015《电动汽车非车载传导式充电机与电池管理系统之间的通信协议》为例简单介绍充电整体流程及报文格式,如表 4-4 所示。

表 4-4　直流充电报文

阶段	报文代号	报文描述	PGN	PGN（Hex）	优先权	数据长度/byte	报文周期/ms	原地址-目的地址
充电握手阶段	CHM	充电机握手	9 728	002600H	6	3	250	充电机-BMS
	BHM	车辆握手	9 984	002700H	6	2	250	BMS-充电机
	CRM	充电机辨识报文	256	000100H	6	8	250	充电机-BMS
	BRM	BMS 和车辆辨识报文	512	000200H	6	41	250	BMS-充电机

续表

阶段	报文代号	报文描述	PGN	PGN（Hex）	优先权	数据长度/byte	报文周期/ms	原地址-目的地址
充电参数配置阶段	BCP	动力蓄电池充电参数	1 536	00600H	7	13	500	BMS-充电机
	CTS	从点击发送时间同步信息	1 792	00700H	6	7	500	充电机-BMS
	CML	充电机最大输出能力	2 048	00800H	6	8	250	充电机-BMS
	BRO	电池充电准备就绪状态	2 304	00900H	4	1	250	BMS-充电机
	CRO	充电机输出准备就绪状态	2 560	000A00H	4	1	250	充电机-BMS
充电阶段	BCL	电池充电需求	4 096	001000H	6	5	50	BMS-充电机
	BCS	电池充电总状态	4 352	001100H	7	9	250	BMS-充电机
	CCS	充电机充电状态	4 608	001200H	6	8	50	充电机-BMS
	BSM	动力蓄电池状态信息	4 864	001300H	6	7	250	BMS-充电机
	BMV	单体动力蓄电池电压	5 376	001500H	7	不定	10 000	BMS-充电机
	BMT	动力蓄电池温度	5 632	001600H	7	不定	10 000	BMS-充电机
	BSP	动力蓄电池预留报文	5 888	001700H	7	不定	10 000	BMS-充电机
	BST	BMS终止充电	6 400	001900H	4	4	10	BMS-充电机
	CST	充电机终止充电	6 656	001A00H	4	4	10	充电机-BMS

续表

阶段	报文代号	报文描述	PGN	PGN（Hex）	优先权	数据长度/byte	报文周期/ms	原地址-目的地址
充电结束阶段	BSD	BMS统计数据	7 168	001C00H	6	7	250	BMS-充电机
	CSD	充电机统计数据	7 424	001D00H	6	8	250	充电机-BMS
错误报文	BEM	NMS错误报文	7 680	001E00H	2	4	250	BMS-充电机
	CEM	充电机错误报文	7 936	001F00H	2	4	2 250	充电机-BMS

学习情景 5

电动汽车充电系统故障排除

学习任务 5.1 电动汽车充电系统安装更换及维护

5.1.1 充电口保养规范

电动汽车配置了交流/直流充电口（以下简称充电口），其作用是保证车辆充电系统与充电桩相连接，在正常插拔的过程中存在摩擦，故充电口为易损件。若不规范使用充电枪，则会严重缩短充电口的使用寿命。因此应加强充电口的保养工作，引导客户规范地使用充电枪。

1. 充电端子的正常状态

镀金充电口端子为金亮色，镀银充电口端子为亮银色，如图 5-1 所示。

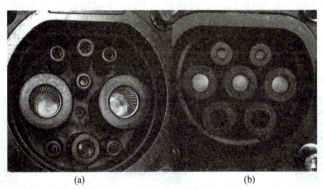

图 5-1 充电端子正常状态
(a) 金亮色；(b) 亮银色

2. 充电口保养规范（新能源汽车维护与保养必做项目）

(1) 关闭点火开关，打开充电口舱盖及充电口保护盖。
(2) 目视检查塑料绝缘壳体有无热熔变形或脱落，热熔的充电口需要做更换处理。
(3) 目视检查充电口内部有无异物，若有异物则应用高压气枪吹出，若无法取出则需要更换充电口总成。

（4）目视检查充电口端子簧片底部有无变色，若变为黑色则需要更换充电口。

（5）目视检查充电口簧片有无断裂，若有则需要更换充电口总成。

3. 充电口更换标准

充电口更换标准如图 5-2 所示。

壳体热熔变形	端子内有异物	端子微黄
更换	清理	无须处理

端子暗黄（亮银色端子）	端子簧片断裂
更换	更换

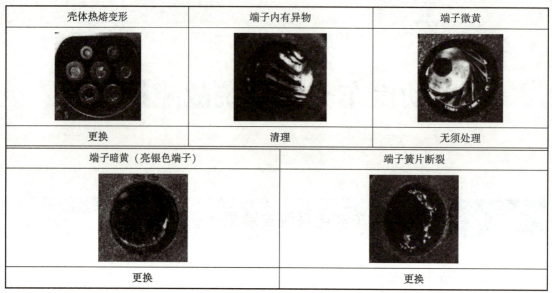

图 5-2　充电口更换标准

4. 充电枪使用规范

关于充电枪插拔的操作建议：

（1）开始充电时，充电枪对准充电口后再插入充电枪，听到“咔哒”声音，说明枪已插好。

（2）结束充电时，先对充电设备进行必要的操作（如刷卡或点击停止充电），再解锁车辆，然后按下充电枪锁，并保持 1~2 s 再拔枪（防止快速拔枪导致电弧灼伤）。

5. 不建议使用充电枪状态

充电枪不建议使用状态如图 5-3 所示。

机械枪锁断裂	端子防触帽热熔或脱落	端子布满灰尘

尾部线束松脱无固定	充电枪端子收缩

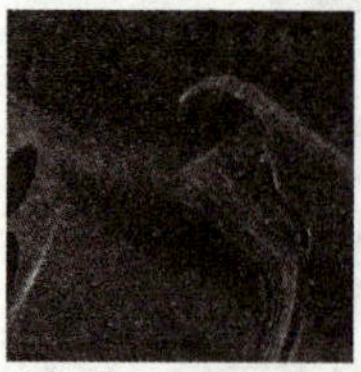

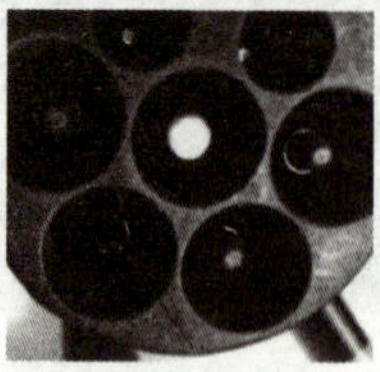

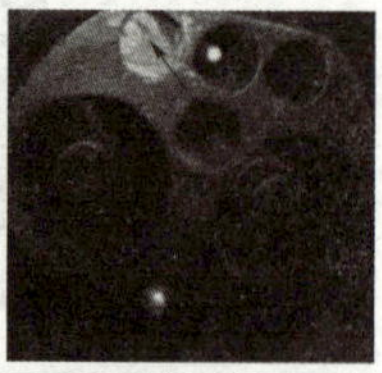

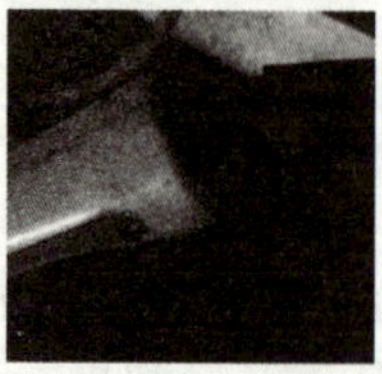

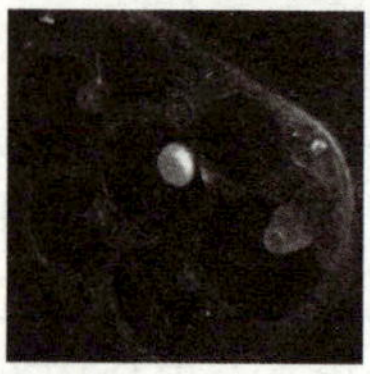

图 5-3　充电枪不建议使用状态

6. 充电口电子锁功能失效排查方法

充电口电子锁功能失效排查方法（在排除充电枪枪头无灰尘或杂物的前提下）如图5-4所示。

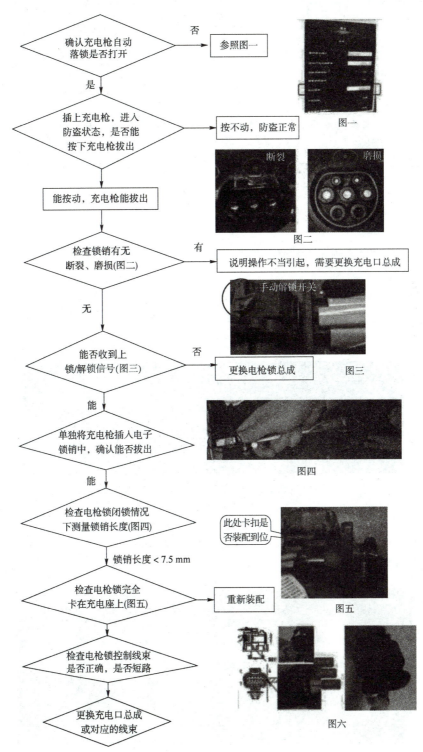

图 5-4　充电口电子锁功能失效排查方法

学习任务 5.2 交流充电系统故障检测与排除

任务导入

1. 故障现象

李小姐购买的比亚迪元 EV EB 行驶了 6 022 km，交流无法充电，直流充电正常。

2. 可能故障原因

(1) 交流充电口故障。

(2) 车载充电机 OBC 故障。

(3) 充配电低压控制线束故障。

3. 故障排除步骤

(1) 用 VDS2000 或通用诊断仪扫描充电系统有无故障码，若使用 VDS2000 诊断仪，则查看是否有升级程序。

(2) 用交流 7 kW 和 2 kW 的便携式充电枪给车辆充电，车辆仪表显示"充电连接中，请稍后……"，查看车载模块数据流发现交流侧电压为 5 V——异常，PWM 的占空比为 0%——异常，如图 5-5 所示。

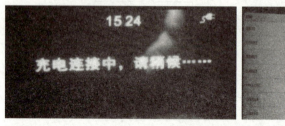

图 5-5 元 EV 不能充电及充电车载模块数据流

(3) 如图 5-6 所示，测量交流充电口 PE 对车身地的电阻为 0 Ω——正常，测量交流充电口 CC 与 PE 的电压为 12 V——正常，测量 CP 与 PE 的电压为 12 V——异常，CP 与 PE 只有在正常充电的情况下才有电压。

图 5-6 元 EV 交流充电口 CC、CP 实测电压值

（4）测量交流充电 CC 及 CP 到充配电低压接插件 33pin 4#、5#端子的电阻值为 0 Ω——正常。

（5）在不充电的情况下 CP 与车身地无电压，实际测量是有电压输出，说明充配电总成内部有短路情况，测量 CC 与 CP 之间不导通。

（6）更换充配电总成，故障解决。

1. 故障现象

陈先生购买了 1 台宋 pro DM，在交流充电桩充电时，仪表不显示充电功率和剩余充电时间，如图 5-7 所示。

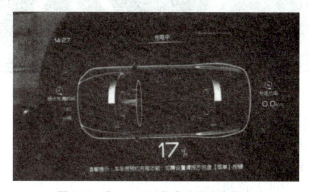

图 5-7　宋 pro DM 仪表交流充电状态

2. 可能故障原因

（1）车载充电机（OBC）故障。

（2）电池管理器故障。

（3）充电控制线路故障。

（4）霍尔传感器故障。

3. 故障排除步骤

（1）用 VDS1000 对车辆进行扫描，查看无软件需要升级。

（2）插上交流充电枪进行充电，读取车载充电模块的数据流，充电功率正常。

（3）读取 BMS 数据流，在原地打开空调加热系统，发现电池组的放电电流为 -0.1 A，可以判断故障是因电流霍尔传感器异常导致，如图 5-8 所示。

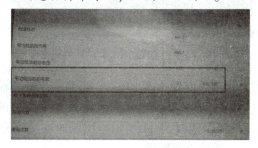

图 5-8　宋 pro DM BMS 数据流

故障排除：宋 pro DM 车型集成了 BMS、高压配电箱（内含电流霍尔传感器）、漏电传感器（LS）在动力电池包内，根据比亚迪的保修政策，因此需要更换动力电池包。

任务导入

1. 故障现象

李先生购买了 1 辆全新一代唐 DM，客户反映无法交流充电，仪表显示"充电连接中，请稍后……"，之后出现"请检查车载充电系统"，如图 5-9 所示。

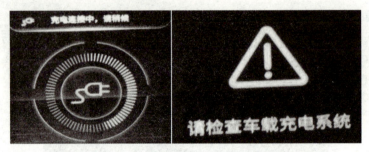

图 5-9 全新一代唐 DM 仪表信息

2. 可能故障原因

（1）交流充电低压控制线路故障。

（2）高压线路故障。

（3）车载充电机（OBC）故障。

3. 故障排除步骤

（1）插上交流充电枪，连接诊断仪，扫描故障码有：P151100——交流端高压互锁故障；P157216——车载充电器直流侧电压低；U011100——与动力电池管理器通讯故障，如图 5-10 所示。

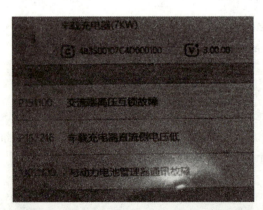

图 5-10 全新一代唐 DM 车载充电器故障码

（2）清除故障码，重新扫描后发现 P157216——车载充电器直流侧电压低无法清除。

（3）插上充电枪进行充电，读取车载充电机数据流，直流侧的电压为 31 V——异常，交流侧输入电压为 0 V——异常，如图 5-11 所示。比亚迪在交流充电时需要有一个预充过程，因此在数据流中能看到电压是正常现象。

图 5-11 车载充电器数据流

(4)读取 DC/DC 数据流,DC 端的高压电为 633 V,可判断预充完成,接触器为吸合状态,如图 5-12 所示。同时亦判断高压配电箱到车载充电器直流电缆故障或车载充电器故障。

图 5-12 DC/DC 数据流

(5)短接 BMS 端高压互锁线束,拆卸车载充电器输出端高压插件,连接充电枪,测量车载直流端的电压为 0 V,如图 5-13 所示,怀疑车载充电器端的熔断器熔断了。

注意:佩戴绝缘防护手套测量直流输出电压。

图 5-13 连接充电枪,测量车载直流端的电压

⑥拆开高压配电箱检查熔断器，测量熔断器两端的电阻为∞，用万用表分表测量高压母线正极与车身地、高压母线负极与车身地之间的电阻，如图 5-14 所示，排除车载充电器短路造成熔断器熔断的可能。

图 5-14　测量正极与车身地和负极与车身地的电阻

学习任务 5.3　直流充电系统故障检测与排除

1. 故障现象

1 辆 2017 款比亚迪 e5 网约车，在直流充电的过程中，约 30 s 停止充电，交流充电正常。

2. 可能故障原因

（1）直流充电口故障，如充电口端子烧蚀、端子簧片接触不良，导致充电枪充电高，限制充电电流甚至停止充电。

（2）电池管理器故障。

（3）动力电池故障。

3. 故障排除步骤

（1）交流充电正常，可以排除动力电池故障。连接诊断仪扫描故障码 P1B7C00——直流充电输入过压；P1B7E00——直流充电输入侧瞬间过高，如图 5-15 所示。

（2）在充电测试过程中发现动力电池 SOC 在 90% 以上时，直流充电功率 20 kW 是正常情况（电池 SOC 越高，充电的电流越小，因此充电功率就越小），但在动力电池 SOC 较低时，充电功率瞬间上升到 65 kW 左右，但 30 s 左右跳枪停止充电，车辆仪表显示"请检查充电系统"且很快就消失，如图 5-16 所示。

（3）因充电功率上升很快且报直流充电输入电压过高，说明高压电控总成中的直流升压模块可能存在故障。在充电的同时连接 VDS 进入 VTOG 读取数据流，直流充电目标输入电压 360 V，实际输入电压 610 V，如图 5-17 所示，而且在车辆充电报故障瞬间出现直流升压模块故障，因此可以判断高压电控总成故障。更换高压电控总成后故障排除。

图 5-15 e5 故障码

图 5-16 e5 仪表故障提示

图 5-17 e5 VTOG 数据流

1. 故障现象

1 辆 2018 款比亚迪 e5 EV450 网约车,在直流充电的过程中,仪表显示"充电连接中,请稍后……",交流充电正常,如图5-18所示。

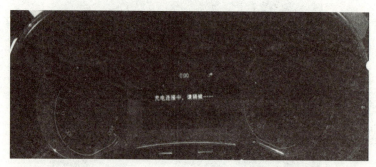

图5-18　e5 EV450直流充电仪表

2. 可能故障原因

(1) 直流充电口故障。

(2) 电池管理器故障。

(3) 动力电池故障。

3. 故障排除步骤

(1) 交流充电正常,可以排除动力电池故障。连接诊断仪读取BMS数据流,直流充电正、负极充电接触器显示"吸合"。

(2) 查看如图5-19所示e5高压电控电气原理图,检查双路电F2-32保险插片和直流充电继电器控制线路正常。

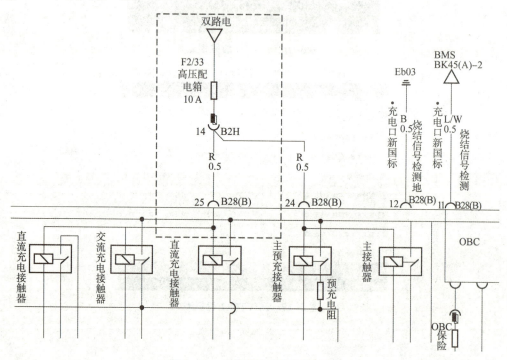

图5-19　e5高压电控电气原理图

(3) 连接诊断仪查看高压电控总成数据流,发现目标输入电压和实际输入电压都是470 V,电流为0 A,说明车辆充电准备就绪。

（4）查看如图 5-20 所示 e5 电池管理器电气原理图，使用万用表测量 B28（B）-30 与车身地之间的电压，发现电压有 12 V，正常充电情况下应为<1 V——异常。

（5）断开直流充电枪，查看如图 5-21 所示 e5 直流充电接触器电气原理图，使用万用表测量 B28（B）-25 与 F2-32 保险插片下端电阻值——无穷大，异常。

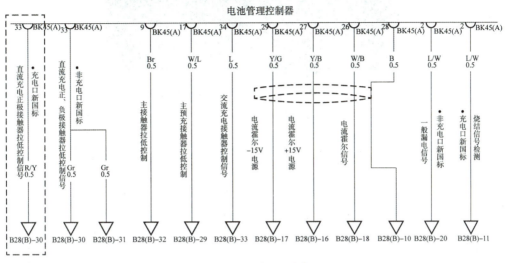

图 5-20　e5 电池管理器电气原理图

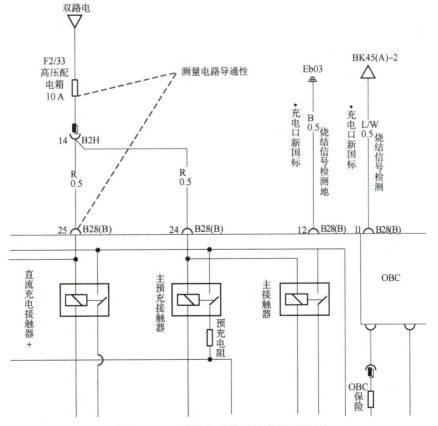

图 5-21　e5 直流充电接触器电气原理图

（6）拆卸 B28（B）插件，检查线束端子，发现如图 5-22 所示插接器 B28（B）的 25 号端子退针。恢复线路，故障排除。

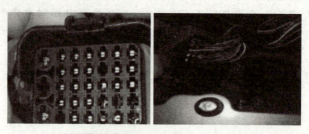

图 5-22　e5 高压电控 B28（B）插件

学习情景 6

电动汽车充电站运营

学习任务 6.1 充电站系统功能

6.1.1 电动汽车充电站变配电系统

充电站变配电系统为电动汽车充电站的充电设备、监控系统和办公场所等提供交流电源。变配电系统不仅提供充电所需的电能，也是整个充电站正常运行的基础。充电站的变配电系统包括高压配电部分、配电变压器和低压配电部分。

1. 高压配电部分

高压配电部分包括高压供电线路和高压供电设备等，根据电动汽车的动力电池容量、充电时的电压和电流、车辆数量等数据的不同，充电设施总容量可能达到 MV·A 等级以上，此时需要采用高压供电方式为充电设施供电。高压配电的主要设备如下：

（1）进线隔离柜，即内置高压隔离开关，保证高压电器及装置在检修工作时的安全。

（2）高压进线柜，即内置高压断路器，主要是分断、闭合电路，有继电保护。

（3）压变柜，即内置电压互感器，是将 10 kV 电压变换成 100 V，提供仪表和二次控制回路的操作电源。

（4）计量柜，即内置电压互感器、电流互感器和电能计量表等，计量电能消耗量。

（5）馈电柜，即出线柜，配电至变压器。

（6）联络柜，用于将两路高压母线联通或断开。

（7）直流屏，即把交流电源转化为直流电源，为高压设备和二次回路提供操作、测量、保护用的直流电源。

2. 配电变压器

配电变压器是一种静止的电气设备，是用来将某一数值的交流电压（流）变成频率相同的另一种或几种数值不同电压（电流）的设备。随着我国"节能降耗"政策的不断深入，国家鼓励发展节能型、低噪声、智能化的配电变压器产品。主流的节能配电变压器主要有节能型油浸式变压器和非晶合金变压器两种。

（1）油浸式配电变压器按损耗性能分为 S9、S11、S13 系列，相比之下 S11 系列变压器的空载损耗比 S9 系列低 20%，S13 系列变压器的空载损耗比 S11 系列低 25%。国家电网公司已经广泛使用 S11 系列配电变压器，并正在城网改造中逐步推广 Sl3 系列，未来一段时间 S11、S13 系列油浸式配电变压器将完全取代现有在网运行的 S9 系列。

（2）非晶合金变压器兼具了节能性和经济性，其显著特点是空载损耗很低，仅为 S9 系列油浸式变压器的 20% 左右，符合国家产业政策和电网节能降耗的要求，是节能效果较理想的配电变压器。

3. 低压配电部分

低压配电部分包括低压配电线路和低压配电设备等，其主要通过低压配电设备将 380 V 低压动力电源分配给充电机及其他辅助用电设备。低压配电设备主要有进线柜、馈线柜、联络柜和电容补偿柜等。

（1）进线柜。进线柜为配电变压器负荷侧的总开关柜，担负着整段母线所承载的电流，该开关柜所连接的是主变与低压侧负荷输出，作用极其重要。在继电保护配置上应确保当主变与低压侧母线或断路器发生故障时，由进线柜的开关来切除故障。

（2）电容补偿柜。电容补偿柜的作用是提高供电系统的功率因数，降低因电网功率因数低带来的能源浪费。

（3）联络柜，也称为母线分段柜。联络柜是用来连接两段母线的开关设备，主要用在具有两个电源的配电系统中，两个电源的两段分别与联络柜的上、下端相连接。在低压供电系统正常供电时，联络柜的开关分断，当一段母线需检修停电或故障停电时，自投装置控制联络柜开关合闸，通过联络柜为停电母线供电。

（4）馈线柜。馈线柜通过配电线路为用电设备提供电源。

6.1.2 电动汽车充电站充电设施

充电站充电设施是整个充电站的核心部分，充电设施应满足多种形式的充电需求，提供安全、快捷的能量补给服务。充电站充电设施由充电机和充电桩组成，充电机为充电桩提供稳定可靠、可调节的直流电源。充电站配置的充电桩有交流充电口和直流充电口，以完成对电动汽车的充电控制和充电操作。

充电站计费装置内置集成在充电站内部，作为充电运营管理收费系统的硬件设备。充电站运营一般可采用刷卡收费、扫描二维码或手机 App 在线支付等方式计量收费。

1. 交流充电桩

交流充电桩集交流充电接口、人机交互接口及高低压配电控制、保护于一体，配合电动汽车车载充电机提供了一种极为简洁的刷卡操作和常规充电方式。交流充电桩的设计化繁为简，将简易人机交互与齐备的控制保护集成在体积小巧的充电桩体内，桩体外观新颖、设计精巧，无不体现出低碳环保、科技智能和实用主义的核心理念。

交流充电桩通过车载充电机为动力电池充电，相对于直流充电桩而言，交流充电桩成本低，结构简单，对动力电池更友好，适合大范围面积普及推广。交流充电桩本质就是一个带控制的交流插座，输出的是交流电，需要车载充电机进行变压整流；受限于车载充电机功率，交流充电桩一般功率较小，3.3 kW 和 7 kW 的居多。

交流充电桩的电气原理框图如图 6-1 所示，主回路由输入保护断路器、交流智能电能表、交流控制接触器和充电接口连接器组成；二次回路由控制继电器"急停"按钮、运行状态指示灯、充电桩智能控制器和人机交互设备（显示、输入与刷卡）组成。

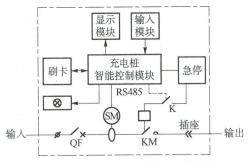

图 6-1　交流充电桩电气原理框图

主回路输入断路器具备过负荷、短路和漏电保护功能，交流接触器控制电源的通、断，连接器提供与电动汽车连接的充电接口，具备锁紧装置和防误操作功能。

二次回路提供"启停"控制与"急停"操作；信号灯提供"待机""充电"与"充满"状态指示；交流智能电能表进行交流充电计量；人机交互设备提供刷卡、充电方式设置与启停控制操作。

充电桩的交流工作电压通常为 220 V（1±15%），输出电流为 32 A（AC、七芯插座），普通纯电动汽车用交流充电桩充满电需要 6~8 h。交流充电桩一般由桩体、电气模块、计量模块和财务管理模块四部分组成。

2. 直流充电桩

直流充电桩是集充电控制模块、功率转换模块、人机交互模块、智能通信模块、计量模块、财务管理模块于一体的电动汽车智能充电产品，安装简便，防护性高。其除了能够提高安全可靠的快速充电服务外，人机交互友好，充电操作简单，同时能够配合充电服务云平台实现智能搜索、预约提醒、信息推送和功率分配等智能服务。

直流充电桩的电气部分由主回路和二次回路组成。主回路输入的是三相交流电，经过输入断路器、交流智能电能表之后由充电模块（整流模块）将三相交流电转换为动力电池可以接受的直流电，再连接熔断器和充电枪，给电动汽车的车载动力电池充电。二次回路由充电桩控制器、读卡器、触摸屏、直流电能表等组成，二次回路提供"启停"控制与"急停"操作，信号灯提供"待机充电"与"充满"状态指示，触摸屏作为人机交互设备提供刷卡、充电方式设置，控制器用于将"开机""关机""输出电压电流"等指令下发给充电模块。

直流充电桩采用三相四线制供电，可以提供足够大的功率，输出的电压和电流调整范围大（适用于乘用车和大巴车的电压需求），可以实现快充。直流充电桩的结构框图如图6-2所示。

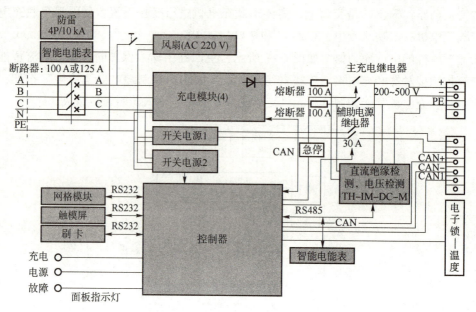

图6-2 直流充电桩结构框图

在直流充电桩的交流输入端配置有空气开关（断路器）、防雷保护器及漏电开关，三相380 V交流电经过防雷滤波模块后输入至充电模块交流端。目前，单个充电模块只有15 kW，不能满足功率要求，需要多个充电模块并联在一起工作，并由CAN总线来实现多个模块的均流。直流充电桩配置的三相四线制电能表用于计量整个充电机工作时的实际充电电量。充电机输出经过充电枪直接给动力电池进行充电，充电桩若是输出高压、大电流，则应设置熔断器。

在直流充电桩工作时，辅助电源给主控单元、显示模块、保护控制单元、信号采集单元及刷卡模块等控制系统进行供电。另外，在动力电池充电过程中，辅助电源给电池管理系统供电，由电池管理系统实时监控动力电池的状态。

3. 计量计费系统

计量计费系统主要由计量部分和计费部分组成，计量部分由端口电能表、直流电能表、交流电能表（含三相表与单相表）以及充电站计量管理机组成；计费部分主要由计费工作站与服务器组成。

在充电站内由用电采集终端负责采集各个端口电能表、直流电能表、交流电能表的实时电量信息，通过本地工业以太网与计费工作站通信，将整个充电站的总电量、各充电机的每次充电电量传送到后台进行处理，并把电量和计费信息存储到数据库服务器中；通过充电站计量管理机完成与用电信息采集系统或上级监控中心的通信，确保上级系统能够实时获取充电站内的电量信息。

（1）充电计费系统管理平台对系统涉及的基础数据进行集中式管理，例如电动汽车信息、购电用户信息和资产信息等。

(2) 充电计费系统运营平台用于对电动汽车充电用户的充值进行运营管理。
(3) 充电计费系统查询平台用于对管理平台及运营平台产生的相关数据进行综合查询。

6.1.3 电动汽车充换电站动力电池调度系统

1. 动力电池调度网络

在整个动力电池调度网络内，可配送的动力电池数量是十分庞大的，所以及时、准确地配送数量庞大的可更换动力电池，不仅能够保证整个充电站网络的正常运行，还将大大降低配送过程中的人力和物力成本。

动力电池调度网络集动力电池的充电、物流调配以及换电服务于一体，这种体化的运营结构将有利于动力电池企业的标准化生产，有利于能源供给企业的集约化管理，从而能够显著降低运营成本。

以国家电网公司颁布的《基于物联网的电动汽车智能充换电服务网络运行管理系统技术规范》为例，在动力电池调度网络中包含集中型充电站、换电站和配送站等三类，其中集中型充电站承担大规模的动力电池充电功能，充满电的动力电池将被配送至具有小规模充电能力和更换动力电池功能的换电站以及仅具备更换动力电池功能的配送站，从而为用户的动力电池供应能量。电池调度网络运行的基本结构如图 6-3 所示。

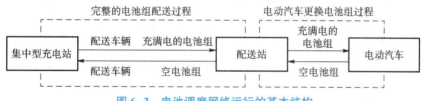

图 6-3 电池调度网络运行的基本结构

在换电模式下，通过对集中型充电站或换电站进行充电管理，可实现动力电池的统一调度和监控。规模化的动力电池可作为巨大的储能单元，有效地参与负荷管理和系统调峰，提高电网负荷率，最大限度地减少谐波污染等对电网的不利影响，从而提高系统整体运行的效率。

动力电池调度系统对所有的动力电池实时进行数量、质量与状态的监控和管理，具备动力电池存储、更换、重新配组、均衡、实际容量测试、故障应急处理等功能。动力电池更换是动力电池调度系统的核心。自动更换方式是动力电池快速更换的主要方式，由更换机械装置和控制系统组成的更换机器人完成。

通过智能调度可实现充换电站运行管理系统与公交运营管理系统的有效互动和信息共享，智能运行调度在两个运行管理系统之间进行有效、及时的信息互动，对电动汽车运行状态、动力电池充放电特性、换电站工况等相关数据实施综合处理，通过必要的统一调度，实现公交车与电动汽车充换电站高效有序地运行，可使充换电站在降低动力电池备用数量的同时，提高充、换电站设施的使用效率。

2. 更换动力电池区

更换动力电池区是车辆更换动力电池的场所，需要配备动力电池更换设备，同时应建设用于存放备用动力电池的存储间。动力电池重量大，更换须用半自动小型吊车或吊架装置，可由现有汽车修配厂常用的类似设备改装或专门设计批量生产。

1) 动力电池箱更换设备

乘用车动力电池箱更换时间不宜大于 300 s，商用车动力电池箱更换时间不宜大于 600 s。动力电池箱更换设备应具备最大功率限制和防倾倒等功能。自动或半自动动力电池箱更换设备应具备手动操作及紧急停机功能。在装载、搬运和卸载动力电池箱的过程中，动力电池箱更换设备应保证操作人员、车辆和设备的安全。

2) 动力电池箱转运设备

动力电池箱转运设备应具有安全、快捷转移和运输动力电池箱的能力。在转运动力电池箱的过程中，应保证操作人员和设备的安全。

3. 动力电池维护间

动力电池维护间包括筛选和维护充电间以及备用动力电池库，动力电池重新配组、动力电池组均衡、动力电池组实际容量测试、动力电池故障的应急处理等工作都是在动力电池维护间进行的，其消防等级按化学危险品处理。动力电池维护间可采用计算机控制的大型充电设备，可同时为几十至几百个不同型号的动力电池按各自最佳的标准化电流程序同时充电，手动或自动识别动力电池种类，按电荷量计费。小型充电站可采用较简单的充电设备，但必须保证能为各类型动力电池充足电。

动力电池进入维护间后，首先进行动力电池的筛选，确定动力电池的好坏，对不能使用的动力电池进行恰当处理，避免污染环境；对可以继续使用的动力电池进行维护和活化。维护完的动力电池送充电间充满电后，进行装箱，为编组准备动力电池。

动力电池维护间配备的动力电池箱检测与维护设备应具备动力电池箱总体电压及各个动力电池单体电压、动力电池箱内部电芯温度、动力电池箱容量的检测功能。动力电池箱检测与维护设备应具备动力电池箱绝缘性能检测功能，应能检测各动力电池单体或动力电池模块的绝缘性能。动力电池箱检测与维护设备宜具备动力电池箱内阻检测功能，应能检测各动力电池的单体内阻，动力电池箱检测与维护设备应具备动力电池均衡功能。

6.1.4　电动汽车充电站监控系统

1. 安防监控系统

在充电站的供电区、充电区、电池更换区、营业窗口等位置设置摄像机，安防监控系统与报警系统实现联动，发生报警时自动触发录像并弹出报警区摄像机的图像，对监控视频的来源，记录的时间、日期，以及其他系统信息全部或有选择性地保存，视频信息质量及保存时间满足管理需要。在充电站供电区、监控室、电池维护区、电池存储区等位置设置入侵探测器，实现全部或部分探测回路的布防及撤防。充电站安防监控系统如图 6-4 所示。

1) 火灾报警系统

对火灾报警设备按所装设位置进行编号，当发生报警时，安防监控系统可根据编号启动该报警位置摄像机进行事故监视和录像。火灾报警设备的限值由消防部门确定，当发生报警时，启动声光报警器，同时上传火灾发生位置图像到监控中心，工作人员根据情况采取相应措施。

2) 视频监控功能

充电站内设置的云台摄像机实时监视关键设备、充电场所、休息区、值班室、营业窗口

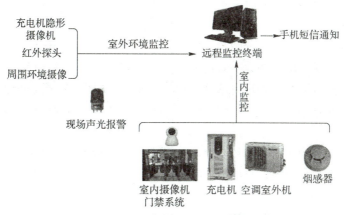

图 6-4 充电站安防监控系统

等位置，发生异常时进行识别处理，发现有闯入报警时上传报警信号并触发声光报警，现场工作人员需判断发生异常有无安全问题，不影响正常工作时可撤防。无论有无报警，视频资料均可保存，同时可对所有视频文件进行统一管理。

3）温湿度监测

站内监测系统对配电区、监控室、休息区、更换动力电池操作间等场所进行温湿度监测，并对温湿度数据进行存储，作为火灾报警和热故障的参考，温湿度传感器定时采样，为日常运维提供参数。

4）分布式充电桩异常信息监测

实时监测分布式充电桩的运行情况，发生异常时，摄像机对预先设置好的监测位置进行连续拍照，并以 10 s 间隔抓拍异常图片最少 6 张，将视频信息及抓拍的相片上传到监控中心。

5）红外感应监测

在分布式充电站内，设置红外传感探测器，通过红外传感探测技术探测充电站安全工作区内是否有车辆接近，当有车辆进入时应发出声光告知信号。

2. 充电监控系统

充电监控系统主要包括充电设施数据采集与处理、报警处理、充放电事件记录、事件顺序记录和事故追忆、控制和操作、管理、在线统计计算、画面显示、制表打印、人机接口、远动、通信接口、系统的自诊断和自恢复、维护及权限管理功能等。

1）对充电桩的监控

监视充电桩交流输出接口的状态，如电流、电压开关状态、保护状态等；采集与充电桩相连接的电动汽车的基本信息；控制充电桩交流输出接口的通断。

2）对充电机的监控

充电机作为被监控对象，上传送给监控系统的数据主要包含充电机状态信息和动力电池状态信息。

3. 变配电监控系统

采用变配电监控系统进行监测管理，可连接智能电力监控仪表、带有智能接口的低压断路器、中压综合保护装置、变压器和直流屏等，实现遥控、遥测、遥信功能，对系统各种运行开关量状态与电量参数进行实时采集和显示，可完整地掌握变配电系统的实时运行状态，及时发现故障并做出相应的决策和处理，同时可以使运行人员根据变配电系统的运行情况进行负荷分析、合理调度、远控合分闸和躲峰填谷，实现对变配电系统的现代化运行管理。

变配电监控系统具有电气参数实时监测、事故异常报警、事件记录和打印、统计报表的整理和打印、电能量成本管理和负荷监控等功能，使设备按最佳工况运行，以节约能源。采用智能变配电监控管理系统，可使供电系统更安全、合理、经济地运行，提高供配电系统的可靠性。

变配电监控系统实现了对电动汽车充电站配电设备的监控，方便统一管理和数据共享，可实现对整站总功率、总电流、总电量、功率因数、主变状态、开关状态、无功补偿及谐波治理设备的监视和控制。

配电系统监控分为保护和测控两个部分，以实现充电站配电系统的监控及保护功能，通过通信管理机与充电站后台系统可实现双向数据交换。

学习任务 6.2　充电运营服务系统

6.2.1　电动汽车充电站运营管理系统

充电站的运营管理尚处于起步阶段，尚未对其服务范围进行清晰定义，且未建立成熟的运营管理模式。建设运营主体不明确已经成为电动汽车商业化应用的瓶颈问题之一。

充电站的运营是一项复杂的系统工程，为保证充电服务的有效提供，电动汽车充电站的运营需要多个子系统相互协调和保障，包括电力供应系统、充电计量和结算系统、公用充电网络、动力电池、配件维护维修体系以及专业化的组织管理保障等。

1. 电力供应系统

电力供应系统是保障充电站运营最基本也是最重要的一个环节，同时也是保障电动汽车得以商业化运行的重要支持。充电站从建设到运营应加强与电力供应企业的协调。

在充电站规划和建设阶段，需要得到电力供应企业的合作和支持，完成充电站外部电网的合理设计和安全接入。在充电站运营期间，需要得到电力供应保障，这是维持充电站持续运营的根本。此外，如能与电力供应企业良好协商，则充电站运营商可获得电力公司销售电价方面的优惠，进而提高充电站的运营赢利能力。

由此可见，电力供应企业在充电站运营乃至电动汽车产业化发展中充当着重要的角色。因此，电力供应企业可充分把握其地位，瞄准电动汽车充电市场，尽快建立起与充电体系相关联的市场发展策略，在推进电动汽车充电市场发展的同时实现自我发展。

2. 充电计费系统

充电计费系统是充电设施与电动汽车用户交流的一个重要环节，在充电站运营中，需要通过准确的充电计费系统，保障充电站与电动汽车用户之间的交易以可靠、准确、真实的方式进行。同时，充电计费系统也是充电设施运营单位准确核算财务收益、提高运营效率的重要手段。智能化的充电计费系统将成为充电站运营的方向，通过对动力电池的剩余电量进行科学估计，不仅能精确核算电量，而且还能成为选择合适的充电方法、提高动力电池性能的有效依据。电动汽车充电计费系统主要由以下三部分组成：

（1）充电计费系统管理平台，对系统涉及的基础数据进行集中式管理，例如电动汽车信息、购电用户信息和资产信息等。

（2）充电计费系统运营平台，用于对电动汽车的充放电及购电用户的充值进行运营管理。

（3）充电计费系统查询平台，用于对管理平台及运营平台产生的相关数据进行综合查询。

充电费用结算工具、结算手段的现代化，对提高充电站运营效率具有重要的意义，特别是对于无人值守的充电站，智能化的结算系统是保障充电站正常运营不可缺少的一种手段。用户通过先进的 C 卡、银行卡、微信、支付宝等即可快捷方便地完成充电费用结算。因此，充电站的顺利、高效运营，需要现代化、智能化的充电电能计量和结算系统加以保障。

3. 公用充电网络

分布合理、数量众多、昼夜服务的公用充电网络是电动汽车商业化的必备条件之一，它的发展直接决定了电动汽车的应用和推广，进而成为推动充电站个体实现商业化运营的基础。公用充电网络由常规公用充电站、快速充电站和动力电池组更换站组成，其运营方式分为有人值守和无人值守两种。在公用充电网络中充电站的布局、数量和充电方式应该合理设计和部署，使电动汽车在充电网络中能方便、及时地充电；保障电动汽车正常运行的城市公用充电网络应由城市主管部门统一规划，合理布点，形成网络，由政府出面协调城市规划、建设、电力、交管等部门的职责，统一建设、实施。电动汽车研发主管部门、国家技术监管部门和汽车产业主管部门也应通力协作，尽快制定公用充电设施的技术标准和相关配套件的技术标准，并投入实施，以使想投资电动汽车充电设施的商家和想购买电动汽车的用户，以及想改善城市环境卫生和树立城市形象的地方政府可以及时、有目标地实施。

4. 动力电池维护维修体系

由于动力电池的使用成本在电动汽车运行中占有很大比例，所以做好动力电池的维护工作，有助于延长动力电池的使用寿命，降低车辆的运行成本，减少用户使用费用。此外，还应在充电网络中配套动力电池维护维修体系。动力电池维护维修体系与充电管理系统结合，可帮助用户在充电过程中及时发现问题，并进行相关的维护维修工作。配合充电网络的动力电池维护维修体系，可使用户无论什么时候遇到问题，都可到附近的充电网络寻求帮助，同时也提高了充电网络运营的赢利能力。

5. 充电站管理系统

1）专业化的组织管理

由于电动汽车对技术发展的依赖性大，其运行中具有较多的不确定性，这就决定了电动汽车的充电过程要求实现专业化、系统化。因此，应开展有效的组织管理，以保障充电设施的安全、高效运营。同时专业化的组织管理体系有助于推动充电设施乃至电动汽车的商业化运营。具体来说，可从以下方面加以保障：

（1）要建立职责明确、执行有力的运营组织架构，不同职责岗位配备不同的专业化人员，从组织管理方面对充电设施的建设和运营进行严格、规范和有效的控制，以满足电动汽车充电的专业化要求。

（2）根据充电设施运营组织架构，设计一套合理的组织工作流程，使充电方法、技术和不同电动汽车需求相适应。同时，要协调好不同岗位之间的业务关系，协调好各个环节的衔接，充分提高充电设施的运营管理效率。

（3）建立与充电设施一体化管理相适应的严格的管理法规、条例和规章制度，以责任制为基础，对各种运营管理参数进行科学量化，增强管理的针对性和时效性。

（4）电动汽车、充电设施在充电中出现故障或意外事故是有可能的，应建立故障恢复与紧急响应机制，加强管理，确保人员、电动汽车及充电设施的安全。

2）充电站管理系统层次

充电站管理系统主要由充电站管理系统后台、服务器、交换机、光纤转换设备、超五类屏蔽网线和光纤等构成，系统的运行分为三层，如图6-5所示。

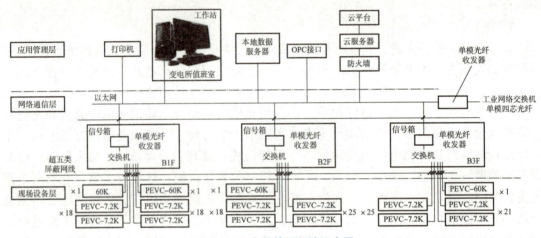

图6-5　充电桩管理系统示意图

（1）现场设备层，即充电桩，充电桩将产生的数据存储并发送给管理系统，同时接收管理系统的各项指令。

（2）网络通信层，包括交换机、光纤转换设备、网线、光纤等，负责充电桩与管理系统之间的数据传输和指令收发，其线路的走向根据现场实况采用线槽或穿管敷设。

（3）应用管理层，含管理系统及后台设备，管理系统向充电桩发出的指令、充电桩回传的数据、充电桩的状态、故障信息、操作记录等均由后台设备进行处理及显示。应用管理层设置在有人的值班室，并有与配电系统、监控系统共享的信息接口，还与停车场管理等系统进行信息共享，体现其自动化功能。

整个管理系统具有设备监控、运营管理、故障反馈、数据采集、计量计费用户管理等功能，充电桩的电能计量还应符合现行国家标准GB/T 29318—2012《电动汽车非车载充电机电能计量》和GB/T 28569—2012《电动汽车交流充电桩电能计量》的相关规定。

3）针对分散式充电桩

对于居民区或单位停车场等场所的分散式充电桩，采用工业级无线数据终端（DTU）进行联网。充电桩控制板与DTU通过串口相连，无线DTU通过运营商的3G/4G网络联网，并与充电运营企业的监控运营中心建立连接，从而搭建充电设施与监控运营中心之间的透明通道。分散式充电桩的系统网络拓扑如图 6-6 所示。

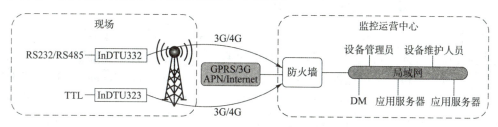

图 6-6 分散式充电桩的系统网络拓扑

通过 DTU 搭建的充电桩与监控运营中心间的透明通道，监控运营中心一方面可以实时监控现场充电桩的电压、电流、电量、功率等运行参数；另一方面可以监控充电桩状态，如果有报警或故障，则可以及时进行维护。监控运营中心的设备管理（Device Manager，DM）软件平台可以实时监控 DU 运行状态、产生流量情况以及现场信号覆盖情况，并可以对 DU 进行批量配置或批量升级等操作。

4）集中式充换电站或群充电系统

对于公交、出租、环卫、物流以及高速公路等公共服务领域的充电设施，一般以建设集中式充换电站为主，或有些充电运营企业采用箱变等技术推出的群充电系统，可通过工业级路由器实现充电设施的联网。集中式充电站的各充电桩采用以太网方式组成局域网（如果是群充电系统，则整个系统有集中的采集控制单元），然后通过工业路由器作为统一的网关连接专网或 Internet，并最终与充电运营企业的监控运营中心建立连接，实现充电设施与监控运营中心之间的双向数据传输。集中式充换电站或群充电系统的网络拓扑如图 6-7 所示。

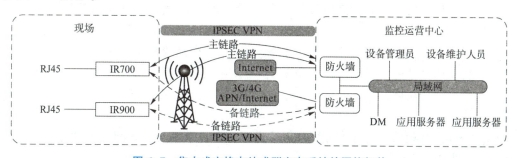

图 6-7 集中式充换电站或群充电系统的网络拓扑

通过路由器搭建的充电站与监控运营中心间的透明通道，监控运营中心一方面可以实时监控现场充电桩的电压、电流、电量、功率等运行参数，另一方面可以监控充电桩状态，如果有报警或故障，则可以及时进行维护。若现场具备有线网络，则工业路由器可以采用有线方式接入网络；如果现场不具备有线网络，则可以选择 3G/4G 无线网络接入方式，充分保证了网络接入的灵活性。对于对数据安全性有较高要求的客户，还可以在工业路由器和中心防火墙之间建立 IPSecVPN 的加密隧道，充分保证传输数据的安全性。监控运营中心的设备管理软件平台可以实时监控路由器运行状态、产生流量情况以及现场信号覆盖情况，并可以对路由器进行批量配置或批量升级等操作。

6.2.2 电动汽车充电站运营管理

电动汽车能源供给设施是电动汽车产业链中的重要环节，电动汽车能源供给设施主要包括交直流充电桩、充电站、动力电池更换站三种类型，电动汽车能源基础服务设施的构成设备数量多、地点分散，采用地理信息系统（Geographic In formation System，GIS）能把所有与空间地理位置有关的信息收集起来，建成多源空间信息数据库，综合分析利用，获取有价值的信息，并通过地图和表格生动、直观地表达出来，供用户有效地管理这些信息，以更有效地做出决策。随着 Internet 的快速发展，WebGIS 使得空间信息及其服务能够在分布式计算机网络环境中部署，极大地提升了 GS 的应用服务水平。

随着电动汽车的推广应用和大量电动汽车充电设施的建设，如何对充电设施进行有效的运营管理成为一个亟须解决的问题。根据电动汽车充电设施的建设经验，分析充电设施运营管理特点，利用先进的通信技术、数据采集技术、Web 和 GS 技术，设计并开发了电动汽车充电设施的运营和管理自动化系统，可提高电动汽车充电设施的运营和管理水平。

1. 电动汽车充电设施运营管理功能及系统结构

1）运营管理功能

充电站是以点为基本特征的充电设施，充电站数量众多，且地理位置分散，多数充电站直接安装在室外，长期处于湿度大、灰尘大、温差大的环境中运行，所以及时掌控其运行状态是保证设备稳定、可靠运行的基础。

充电站运营维护管理涉及对分散于市区内充电设施的资产管理，充电站充电监视及相关参数的设置管理，电动汽车用户卡的发放、充值、解锁等。因此，充电站运营管理的功能主要包括以下几个方面：

（1）远方监视功能。结合充电站地理位置监视其状态信息、报警信息以及实时充电信息。

（2）远方控制功能。实现对充电站保护定值，以及交易费率等参数的设置。

（3）计费管理功能。记录充电计费信息，并提供数据分析统计功能。

（4）资产管理功能。实现对充电设施全生命周期管理，提供其相关信息查询，以及利用率分析功能。

（5）分布式管理功能。对管理权限进行设置，通过系统与互联网技术紧密结合，实现城市片区的集中管理功能。

（6）用户卡管理功能。能满足在市内不同片区建立充值卡营销网点，实现电动汽车用户的多点发卡与充值功能。

2）系统总体结构

根据上述功能需求，开发的充电站运营管理系统由三个子系统构成，包括数据采集系统、发卡充值系统、WebGIS 系统；管理中心（内网）与互联网（外网）通过安全防护相连；外网程序通过访问 web 服务器的接口与内网进行数据交互。通过系统共享数据，管理中心可以统一管理，也可以给相关管理人员指定不同区域的管理权限，通过互联网实现分布式管理。发卡充值系统可分布在城市各网点。充电站/桩运营管理系统结构如图 6-8 所示。

通过如图 6-8 所示的运营管理系统，可实现对电动汽车用户、充电设施以及运营维护人员的有机协调，以保证电动汽车用户的电能补充，提高充电设备的利用率和管理人员的工作效率。

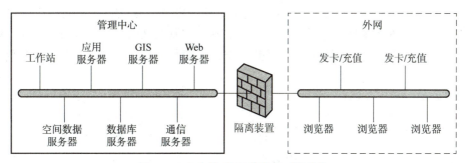

图 6-8 充电站/桩运营管理系统结构

2. 系统架构设计

1）通信架构

充电站分布广，只有通过对专门的通信通道的有效管理才能既保证所有充电设备信息上传，又降低通信成本，因此需要充分考虑通信方式。充电站上行通信信道支持 GPRS/CDMA，并具有串口或以太网接口，布置于小区、公用停车场内的充电桩相对集中，可采用数据汇集器实现充电站的信息汇集上传。对于街道沿线分散的单个充电桩直接采用 GPRS/CDMA 专网方式与管理中心通信进行信息交互，对已建监控系统的充电站内的充电桩信息，可直接通过专网与管理中心信息交互。

2）软件结构

电动汽车充电站运营管理系统软件宜采用三层结构，包括系统平台层、支撑服务层、业务应用层。纵向业务应用与相应支撑服务相关联，横向不同的服务通过数据库松耦合，添加新的服务功能不涉及系统结构，也不影响已有的业务，方便系统应用功能的扩充。电动汽车充电站运营管理系统的软件结构如图 6-9 所示。

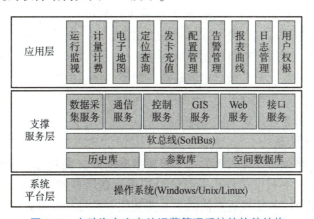

图 6-9 电动汽车充电站运营管理系统的软件结构

（1）系统平台层。为适应不同用户的要求，系统的开发需兼容多种主流操作系统，支持跨平台和混合平台操作。

（2）支撑服务层。支撑服务层为增强系统的开放性和可扩展性，建立统一规范的底层交互平台，实现服务层与应用层的分离，并提供统一的数据传输接口、数据库访问接口以及控制命令接口。

（3）业务应用层。业务应用层建立在支撑服务层之上，通过服务功能模块搭建出不同的应用系统平台，实现实时状态监视、图形化展示、控制交互操作、业务数据记录查询、统计分析、报表曲线等多种功能。此外，提供严格的用户管理和授权管理，保证系统数据的安全性。

3. 系统实现

1）软件结构实现

系统软件结构基于易扩展、松耦合机制，采用平台化、模块化、组件化设计思想，选用C/C++语言开发，进行模块化设计。完成系统平台化、模块化、组件化设计，首先要开发系列跨平台的组件，将系统功能开发分解为多个组件的开发，组件是构成系统的最小功能单元，在运行时期重新装配，创建出组件的克隆，以共同创建一个应用程序。系统在所有的平台上具有统一的风格，运行界面风格不再受操作系统和图形环境的限制。

2）数据采集系统实现

分布于市区各地的充电桩具备计量及监测功能，读取充电桩运行数据并保存到数据库。数据采集系统通过通信网络获取各充电桩计量信息、状态信息及报警事件信息等，也可实现对充电桩的参数远程设定，从而做到主动安全、主动管理、主动控制，是运营管理系统的核心。

（1）数据采集处理。充电桩通常安装在室外，电磁干扰较大，环境较为恶劣，主要采用 GPRS/CDMA 通信方式，数据上传难免会出现短时间内通信中断或延时，通信正常时，充电桩会主动上传数据，采集服务会产生相应事件存到临时事件表，并立即发送给各监视客户端，但并不能保证此前无记录缺失。充电桩技术规范规定充电桩可保存 1 000 条充电记录数据，关键事件的存储不少于 100 条，安全存储周期至少达 7 天。因此，为了保证所有充电站记录上传，利用充电桩内保存充电记录的流水号连续性，采集服务程序设计中采取启动召唤、定时召唤策略，以确保所有充电记录均已录入系统数据库。

（2）远方参数设置处理。为了确保充电桩易于运营维护及统一管理，根据充电桩技术规范，充电桩应支持本地或远方费率设置和保护定值设置，其中费率设置包括当前费率单价设置、备用费率单价、备用费率单价切换时间，定值设置包括过电压、过电流保护等定值以及延时时间、提示余额低、充电最小电流阈值参数等。对远方充电桩参数设定过程主要涉及维护人员、工作界面、通信网络及远方设备，充分考虑了系统安全性，系统程序由人机界面、控制服务和通信服务等模块协同处理。

3）发卡充值系统实现

发卡充值是充电站运营管理系统的一个重要组成部分，发卡充值直接面对用户，集中用户到同一地点发卡充值不利于用户，因而可以利用互联网特性，采用 B/S 结构设计，共享管理中心数据库，在市区各地设置充值网点，安装发卡终端和发卡充值应用程序，实现卡片的发放、充值和解锁等功能。

4）WebGIS 系统实现

充电桩只有在地理图形建立了模型，才能够完整、准确地描述充电设施，管理系统与GIS 平台之间通过数据库关联，集成 Web 和 GIS 功能，从而实现有效的管理。

GIS 服务提供数据服务和功能服务，数据服务通过服务接口向外提供空间数据，功能服务通过接口向外提供对空间数据的操作和处理功能。Web 服务通过应用程序对业务数据进行处理，提供可以对外的数据服务接口，并对用户提供数据发布、浏览、查询和计算等应用。

GIS 服务功能通过 Web 技术发布 Web、GIS 扩展接口，使 Web 系统可以整合 GIS 功能，Internet 用户可以通过网页查看充电桩的地理位置、充电状态、计费信息、业务处理软件分析计算的结果和存储空间数据等，浏览 WebGIS 站点中的空间数据，以及进行各种空间数据检索和空间分析，实现空间数据的增值。

4. 系统应用

系统可对市区所有充电桩的充电信息进行监视，并提供充电桩远方参数批量设置、发卡充值、计费管理以及相关数据的查询和统计分析等功能，地理图形信息有效地辅助和增强了充电设施管理，为充电站的运营、维护管理部门提供了处理信息的协同作业平台，在可视化、直观化的环境下提高设备管理工作的效率。

构建基于 Web、GIS 的统一的电动汽车充电体系信息管理平台，以满足电动汽车用电对移动性和多样性的要求，有利于充电网络建设统一规划，促进充电服务产业规范有序发展；有利于发挥规模效益，降低运营成本，形成区域内电动汽车充电业务及功能的互联互通，实现统一化管理。

随着电动汽车充电市场的不断发展，电动汽车充电站运营模式也在不断创新发展，并不断提高电动汽车充电站技术性能与服务水平。在这样的电动汽车充电站市场环境下，电动汽车充电站运维管理升级需求越来越强烈。

国家积极促成各大电动汽车充电站的品牌联合，是希望能加强对电动汽车充电站信息平台的管理，兼容多个电动汽车充电站品牌，这是完善信息内容的必要条件，也是提高电动汽车充电站信息网络服务水平、加强电动汽车充电站信息网络运维管理能力的重要要求。电动汽车充电站如何统一信息标准，如何能够通过简单的付款方式平衡各家电动汽车充电站品牌的收支，这是未来电动汽车充电站运营市场急需解决的难题。

6.2.3 基于云平台的充电站管理网络

1. 系统架构设计

智能交互设备是智控服务平台的核心组件，是用户操作的核心窗口，能够实现充电设施故障申报、车位管理、智能语音互动及协助、广告投放等核心功能及附加增值业务，系统由智能互动终端、智能地锁、车辆识别等自动智能感应设备组成。

为更好地提升资源利用率及用户满意度，在当前智能手机普及的情况下，可利用 SaS 级社会化客户关系管理平台（暨微信公众号）对数据结果进行展示，对关键信息实现实时推送，以最大限度地实现人、车、站的闭环交互。

基于云平台的电动汽车智能充电管理系统是建立在互联网、高速无线网和电力信息系统基础上的大型分布式网络信息系统，整个系统分为平台层、网络层和终端层。系统逻辑架构如图 6-10 所示。

1）平台层

平台层采用针对电动汽车充电服务的数据挖掘技术、云计算技术、门户技术，提供用户管理、身份认证、权限控制、充电桩信息记录、电动汽车充电海量数据存储等基础服务，支持手机 App 实现充电桩使用情况查询、定位导航、充电预约及充电桩锁定等业务，并与相关外部系统进行数据交换，实现跨应用、跨系统的信息互通、共享和协同，并可通过深度挖掘为用户推送充电服务计划、充电商店等增值服务。

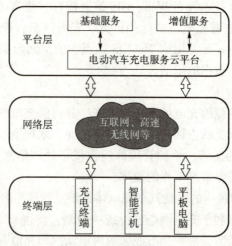

图 6-10　系统逻辑架构

2）网络层

网络层是平台层和终端层之间的纽带，提供了用户信息、电动汽车充电信息等多种数据的传输通道。网络层既包括诸如 Wi-Fi 形式的高速无线网络，也包含广域敷设的互联网。

3）终端层

终端层包括电动汽车充电终端设施（交流桩、直流桩等）、智能手机和平板电脑等用户设备。电动汽车充电终端可以将车辆的充电信息通过网络层发送给远端平台，也可以接收平台下发的控制指令。智能手机、平板电脑等终端设备通过其上的 App 应用软件进行实时互动，接收用户输入，并展示系统所提供的各类服务。

系统通信架构如图 6-11 所示，充电终端含有 Wi-Fi 通信模块，可与 Wi-Fi 路由器进行通信，Wi-Fi 路由器通过 2G、3G 或光纤网络等将信息发送给云平台服务器，智能手机、平板电脑等终端设备通过 W-Fi、GPRS 和 CDMA 等与后台服务器通信。此外，为了确保信息安全，在云平台中部署了密钥管理系统和加密机制，并在充电桩中加入嵌入式安全模块芯片（ESAM）。

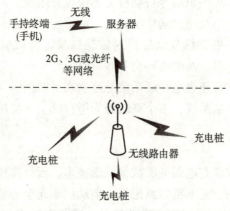

图 6-11　系统通信架构

2. 系统组成及功能

云平台电动汽车智能充电系统主要由云平台、智能充电桩和智能终端 App 应用软件组成。

1）电动汽车充电服务云平台

电动汽车充电服务云平台是为电动汽车充电提供数据发布、收集、存储、加工、维护和挖掘的综合平台，为满足业务发展需求，电动汽车充电服务云平台支持百万级客户的多种业务请求，系统平台软件和硬件都具备高可靠性、可用性和可扩展性。该平台由计算机、网络设备、存储设备、其他外围设备和平台应用软件组成，整个电动汽车充电服务云平台主要分为以下三个子系统。

（1）基于云计算技术的功能支撑子系统。该子系统深入研究了电动汽车充电服务的特性，利用云计算技术开发虚拟机与物理机资源统一管理子系统，将所有的计算资源进行全面、灵活的管控，为整个电动汽车智能充电系统提供具有弹性的计算能力。针对电动汽车充电服务接入特点，采用负载均衡技术，支持海量用户的高并发访问；提供用户管理、身份认证、权限控制、充电桩信息记录、电动汽车充电海量数据存储与处理等功能；支持手机 App 实现充电桩使用情况查询、定位导航、充电预约、充电桩锁定等多种业务应用。

（2）数据交换子系统。为了解决在系统中各类数据交换、整合的难题，主要从以下四个方面设计数据交换子系统：

①有效降低系统间的耦合度，使每个应用系统在逻辑上只与数据交换子系统有关系，而不必考虑数据交换的另一端具体部署，使系统间形成简单的数据耦合。

②提高数据交换接口的规范性，使得系统接口统一面向数据交换子系统，在接口的逻辑和技术形态上具备一致性，为系统接口的稳定和规范提供基础。

③提高数据交换的开放性，使得数据交换子系统如同系统间的一个逻辑数据总线，可以对外提供灵活和多种形式的接口。

④保证数据交换的高效性和稳定性，从系统设计层面有效保证数据交换过程的高效和稳定。

（3）数据挖掘子系统。深入分析整个电动汽车智能充电系统所提供的各类服务，依据服务的不同类别、特点及实际需求，利用与电动汽车充电业务相对应的数据挖掘算法、数据分析模式及数据抽取、存储、管理和展现技术，开发电动汽车充电数据分析和用户行为挖掘等业务应用，为用户提供深入、高效的增值服务。数据挖掘子系统主要完成以下工作：

①通过对海量用户充电时间数据的收集和分析，可以挖掘得到不同时间段用户的充电密度，计算出用户充电行为对于电网负荷的影响规律，为负荷预测提供有力支撑，为电力调度提供依据。

②通过对海量用户充电地点数据的分析，可以挖掘得到不同区域、不同地段的用户充电需求分布，计算出目前已建的充电设施在各个地点的利用情况，为进一步建设充电设施提供直接的指导。

2）智能充电桩

智能充电桩结构框图如图 6-12 所示，具体包括 MCU 单元、数字电能表、Wi-Fi 通信模块、FLASH 存储单元、保护单元、电源转换模块、接触器、急停开关等。其中 MCU 单元为充电桩的控制核心，用完成指令控制与信息分发，采用低功耗、高性价比的 CORTEX-M0 系列芯片，通过串口或 SP 总线与 Wi-Fi 通信模块通信，通过 485 总线与数字电能表通信，

通过 I^2C 总线与 FLASH 存储单元通信，通过驱动电路与接触器相连实现充电电能输出的通断控制。

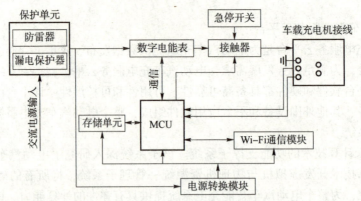

图 6-12 智能充电桩结构框图

采用低功耗 Wi-Fi 通信模块，可实现与无线网关的数据通信，进而实现充电桩开关状态的远程控制，以及电流、功率、电能信息的上报。电源转换模块用于将交流电转换为直流电，提供不同电压等级的直流电，为充电桩中的其他电路提供电源。

智能充电桩除了具备传统的充电、计量、保护等功能外，以下功能在提高本系统智能性的同时，将会更加适应日新月异的技术变革。

（1）手持终端控制功能。分布式充电桩可通过移动端 App 控制启停机，当充电桩符合充电条件时，客户通过手机等移动终端可以实时控制充电桩的启停。

（2）充电信息上传功能。分布式充电桩可将充电信息上传至服务器并通过手机安装的 App 界面实时显示充电信息，包括当前充电电压、充电电流、充电电量、充电费率、计费信息、故障信息和工作状态信息等。

3）App 客户端

随着智能手机的普及，App 客户端软件已经应用于日常生活的各个方面。智能充电桩设计了客户端软件的两个版本，分别支持操作系统 iOS7.0.0 及以上版本和 Android2.3.3 及以上版本，总体设计为 C/S 体系，结构客户端为多层体系结构，以提供更好的灵活性和强大的扩展能力。多层体系对于客户端来说是三层结构，分别从视图层、业务逻辑层、业务实体层进行分配。

（1）视图层。与用户交互的界面，响应用户的请求，调用业务逻辑层的接口进行逻辑处理，根据结果以不同的形式展现给用户。视图层包含地图显示、支付结算、状态显示、控制界面和查询界面。

（2）业务逻辑层。完成实际的业务逻辑，包括对服务器的数据请求和对本地数据库的读取。

（3）业务实体层。包含了各个业务实体对网关服务器的数据请求、数据解析，对平台服务器的数据请求、数据解析和数据库维护。

App 客户端软件根据用户选择的功能调用业务逻辑层相应的模块；业务逻辑层负责业务流程的组织，并调用业务实体层的模块；通过网关服务器接口（或平台服务器接口）与网关服务器（或平台服务器）进行信息交换。App 客户端具备以下功能：

（1）地图功能。可通过地图及导航查询充电桩的位置信息。

(2) 状态显示功能。通过手机 App 显示智能充电桩的各种状态。

(3) 支付功能。系统具有充电结算功能，通过账户与支付宝、微信账户绑定，实现定额、定量和定时等方式的智能充电。

(4) 控制功能。通过控制命令实现对智能充电桩的设置和控制，包括开始充电、取消预约和停止充电等。

(5) 查询功能。用户可查询充电数据详情（次数、累计）。

学习任务 6.3　充电站建设规范要求

6.3.1　电动汽车充电站建设方案应遵循的标准规范

1. 国家标准

电动汽车充电站建设方案应遵循的国家标准见表 6-1。

表 6-1　电动汽车充电站建设方案应遵循的国家标准

种类	具体标准
电动汽车技术标准	GB/T 18487.1—2015《电动汽车传导充电系统第1部分：通用要求》 GB/T 18487.2—2017《电动汽车传导充电系统第2部分：非车载传导供电设备电磁兼容要求》 GB/T 18487.3—2001《电动车辆传导充电系统电动车辆与交流/直流充电机（站）》 GB/T 19596—2017《电动汽车术语》 GB/T 20234.1—2015《电动汽车传导充电用连接装置第1部分：通用要求》 GB 50156—2012《汽车加油加气站设计与施工规范（2014年版）》 QC/T 743—2006《电动汽车用锂离子蓄电池》 YD/T 1436—2014《室外型通信电源系统》
电气技术标准	GB/T 14549—1993《电能质量公用电网谐波》 GB/T 17215.211—2006《交流电测量设备通用要求、试验和试验条件第11部分：测量设备》 GB/Z 17625.6—2003《电磁兼容限值对额定电流大于16A 的设备在低压供电系统中产生的谐波电流的限制》 GB/T 19826—2014《电力工程直流电源设备通用技术条件及安全要求》 GB 50034—2013《建筑照明设计标准》 GB 50052—2009《供配电系统设计规范》 GB 50053—2013《20 kV 及以下变电所设计规范》 GB 50054—2011《低压配电设计规范》 GB 50060—2008《3~110 kV 高压配电装置设计规范》 DL/T 448—2016《电能计量装置技术管理规程》 DL/T 620—1997《交流电气装置的过电压保护和绝缘配合》 GB 50065—2011《交流电气装置的接地设计规范》 DL/T 856—2018《电力用直流电源和一体化电源监控装置》

续表

种类	具体标准
土建技术规范	GB 50003—2011《砌体结构设计规范》 GB 50007—2011《建筑地基基础设计规范》 GB 50009—2012《建筑结构荷载规范》 GB 50010—2010《混凝土结构设计规范（2015 版）》 GB 50011—2010《建筑抗震设计规范（附条文说明）（2016 版）》 GB 50016—2014《建筑设计防火规范（2018 版）》 GB 50037—2013《建筑地面设计规范》 GB 50140—2005《建筑灭火器配置设计规范》 GB 50345—2012《屋面工程技术规范》

2. 行业标准

《电动汽车用铅酸蓄电池》（QC/T 742—2006）。

《电动汽车非车载充电机技术条件》（NB/T 33001—2018）。

《电动汽车交流充电桩技术条件》（NB/T 33002—2018）

《电动汽车非车载充电机监控单元与电池管理系统通信协议》（NB/T 33003—2010）。

6.3.2　电动汽车充电站的建设类型

电动汽车充电站按其充电方式可分为两种：整车充电方式与电池更换方式。

电动汽车充电站有立体充电站和平面充电站。立体充电站是在土地资源紧张、土地价格较高的繁华地段建设的，而平面充电站则是按照满足各类电动汽车的充电需求、土地资源以及地域环境而建设的。充电站的站址通常选择在变电站、公共停车场等公共区域或公交以及邮政等集团车队的专用停车区域。

交流充电桩需和充电站相结合。交流充电桩通常选择在营业场所停车场、公共建筑（商场、写字楼）和住宅小区等公共停车场，或者充电站内安装电池更换站的建设应与当地推广应用的车型及需求相结合，有的放矢地选择符合当地实际情况的电池更换站，减少电动汽车电能补给时间，满足应急需求和长途旅行需要。

6.3.3　电动汽车充电站分类及配置

1. 电动汽车充电站分类

电动汽车充电设施建设分为交流充电桩和充电站（含电池更换站）两大类。根据功能、容量及充电设备的数量，电动汽车充电站的建设规模分为三类，见表 6-2。

表 6-2　电动汽车充电站分类

种类	特点
大型充电站	配电容量不小于 500 kV·A，且充电设备的数量不少于 10 台，具备为大型公交和环卫等社会车辆、工程和商务等单位车辆、出租和个人等微型车辆充电的能力

续表

种类	特点
中型充电站	配电容量不小于 100 kV·A，且充电设备的数量不少于 3 台，具备为工程和商务等单位车辆、出租和个人等微型车辆充电的能力
小型充电站	配电容量小于 100 kV·A，且充电设备的数量不少于 3 台，具备为出租和个人等微型车辆充电的能力

2. 电动汽车充电站功能配置

（1）交流充电桩供电电源原则上借助停车场配电设施，采用单相供电。当停车场配电设施无法满足容量要求时，可进行增容改造。

（2）大、中型充电站或者具有重要示范意义的充电站的供电电源，原则上应当采用两路电源，以保证充电站的供电可靠性。

（3）充电设备的选型应符合国家电动汽车电源供给相关标准和智能电网有关技术规范的要求，积极推动电动汽车各相关方在电动汽车充电设备电气接口、通信规约以及电气连接件等方面达成一致。

（4）大、中型充电站应当具备现场安保监控、充电设备运行监控等功能。

（5）大型充电站在满足充电服务的同时，可以设置客户休息室，中型充电站可结合实际情况建设。

（6）充电站建设应具备一定的扩展能力，应具备升级改造为充放电站的条件。

大、中、小型充电站一般按表6-3所列选择功能配置。

表6-3 充电站功能配置

序号	功能单元	大型充电站	中型充电站	小型充电站	备注
1	配电变压器	●	○	×	
2	高压配电装置	●	○	×	
3	低压配电装置	●	●	●	
4	计量装置	●	●	●	提供分路计量及关口计量
5	谐波治理装置	○	○	○	依据充电设备谐波情况，综合选择配置
6	充电设备	●	●	●	
7	计费装置	○	○	○	对社会车辆服务的充电站，依据计量情况进行计费
8	电池更换设备	○	○	○	
9	配电监控系统	●	○	○	
10	充电监控系统	●	●	○	
11	安保监控系统	●	●	○	烟雾报警监视、视频监视
12	充电工作区	●	●	●	充电车位及相关附属设施

续表

序号	功能单元	大型充电站	中型充电站	小型充电站	备注
13	站内建筑	●	●	○	
14	消防设施	●	●	●	
15	其他服务设施	○	○	○	

注：●表示必备；○表示可选；×表示不需要

6.3.4 电动汽车充电站的充电设备配置原则

1. 充电设备的选配原则

电动汽车充电站充电设备的选配应因地制宜，结合当地电动汽车应用实际及发展趋势进行选择。

充电设备的选配应符合相关国家（行业）标准及企业标准；电池换电站应对电池模块、充电架、电池模块装卸工具和充电机等设备统一进行选择。

2. 充电系统电气连接要求

充电机充电接口的功能要求和技术要求应符合国家相关的规定；充电接口在结构上应避免手轻易触及带电部分。

可移动的充电接口在不充电时应放置在人无法轻易触及的位置，并采取防水、防尘措施。

充电机的输入电源在屋檐防雨外或者室外时：安装高度应在距地面0.4 m以上的位置；应安装在合适的防雨箱内（防护等级IPX3及以上）或采取其他防雨措施。

3. 充电机的安装布置要求

（1）为保护充电设备，充电站应安装合适的防雨、雪的顶棚。

（2）充电机安装在室内时，为避免温度过高，应装设通风设备。

（3）充电机应安装在距地面一定高度的地方，符合防雨、防积水的要求。

（4）充电机的布置应方便充电。

（5）充电机布置时应尽量缩短充电电缆的长度，使电缆电阻能耗降低。

（6）充电机供电电缆应置于至少能抵抗车轮碾压的结构中，或敷设在电缆沟内。

（7）在多车同时充电时，各充电机和车辆应不影响其他充电机、车辆充电。

（8）充电机的布置应符合防火及安全方面的要求。

4. 充电桩的布置要求（见表6-4）

表6-4 充电桩的布置要求

项目	内容
充电桩的建设方式	交流充电桩建设借助停车场原有的配电设施，采用单相电源供电。充电桩电气接口、通信规约以及电气连接件符合相关技术标准要求，设计规范一致
充电桩功能的配置	充电桩包括人机操作界面及交流充电接口，具备相应的测量、计量、控制以及保护功能，能为具有车载充电机的电动汽车提供交流电能

学习任务 6.4　充电站建站分析

6.4.1　充电站建设政策支持

从 2009 年"十城千辆"新能源汽车示范推广开始，我国定下"中央补贴新能源汽车，地方补助充电设施"的政策基调。2014 年 11 月，工信部发布《关于新能源汽车充电设施建设奖励的通知》，按照推广新能源汽车数量，分档给予地方充电设施补助奖励。2019 年 3 月，工信部发布《关于进一步完善新能源汽车推广应用财政补贴政策的通知》，明确未来"补贴将从新能源汽车购置转向充电基础设施建设"。2020 年 5 月，国务院总理李克强代表国务院向十三届全国人大三次会议作政府工作报告，将充电桩列为七大新基建领域之一，充电基础设施建设关注度、支持度不断提升。

充电桩建设初期，很多充电站都建立在比较偏远的地方，而且有很多充电桩车位被燃油车占用，甚至部分充电桩缺少维护，发生故障后也未能及时维修，充电桩变成了"僵尸"桩。

2019 年中国充电桩保有量超 100 万台，车桩比达 3.1∶1。充电桩作为电动汽车的重要配套，有力地支撑着我国新能源汽车产业的高速发展。据中国充电联盟披露，我国充电桩保有量从 2015 年的 6.6 万台增加到 2019 年的 121.9 万台，年复合增速 107.3%；据公安部披露，我国新能源汽车保有量从 2015 年的 42 万辆，增加到 2019 年的 381 万辆，年复合增速 73.5%；对应车桩比从 2015 年 6.4∶1 下降到 2019 年 3.1∶1，充电配套有所改善。

2020 年 11 月国务院办公厅印发《新能源汽车产业发展规划（2021—2035 年）》（以下简称：规划），发展的愿景：到 2025 年，纯电动乘用车新车平均电耗降至 12.0 kW·h/（100 km），新能源汽车新车销售量达到汽车新车销售总量的 20% 左右。到 2035 年，纯电动汽车成为新销售车辆的主流，公共领域用车全面电动化，燃料电池汽车实现商业化应用，有效促进节能减排水平。

学习情景 7

深圳市充电运营标准

学习任务 7.1　充电运营平台数据接入标准

7.1.1　深圳市充电运营平台概述

市级充电安全监控平台（简称：市级安全平台）与各运营商，以及各运营商之间的信息交换接口的体系结构如图7-1所示。参与电动汽车充电基础设施信息服务的各角色和各运营商之间应在正常、安全、有效的原则下，通过规范的接口进行信息交换，相互协同地向电动汽车用户提供充电服务。

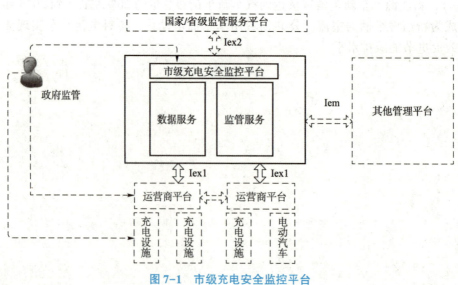

图7-1　市级充电安全监控平台

市级安全监控平台的职能如下：

（1）负责城市充电设施资源管理、运行监测和检查监督。

（2）提供城市范围充电设施数据服务（包含统计服务和计量监测）和监管服务等主要服务功能。

（3）与城市其他服务平台（例如：充电预约服务平台等其他服务平台）通过 Iem 进行信息交互。

（4）可通过 Iex2 接口提供上报服务，与国家或省级平台对接。

7.1.2 充电运营平台接口

为了满足需求，充电运营平台共设有 13 个接口，如表 7-1 所示。

表 7-1　充电运营平台接口

接口名称	接口编码定义
充电站信息变化推送（notification_stationInfo）	CSI-001
查询充电站信息（query_stations_info）	CSI-002
设备状态变化推送（notification_stationStatus）	CSI-003
设备状态查询（query_stations_status）	CSI-004
历史数据补采（supplement_collect）	CSI-005
站点信息补采（supplement_stationInfo）	CSI-006
数据完整性确认（supplement_query_bms_intact）	CSI-007
查询充电统计信息（query_station_charge_stats）	SST-001
查询放电统计信息（query_station_discharge_stats）	SST-002
过程信息查询（query_bms_info）	CPC-001
过程信息推送（notification_bmsInfo）	CPC-002
告警信息查询（query_alarm_info）	CPA-001
告警信息推送（notification_alarmInfo）	CPA-002
事件信息查询（query_event_info）	MPE-001
事件信息推送（notification_eventInfo）	MPE-002
接口参数配置（query_frequency）	PRA-001

接口角色分为两个类型：接口提供方和接口调用方。接口功能由接口提供方负责实现，提供服务调用入口，接受服务功能请求，返回服务功能执行结果。接口由接口调用方按照数

据需求调用，提出服务功能请求，获得服务功能执行结果。

接口使用模式分为两个类型：充电运营商平台主动上报和市级安全平台查询，如表7-2所示。

充电运营商平台部分接口说明如表7-3所示。

表7-2 接口使用模式

接口使用模式	模式说明	接口提供方	接口调用方
充电运营商平台主动上报	充电运营商平台根据数据上报需求，主动请求市级平台接口功能，完成信息上报	市级平台	充电运营商平台
市级平台查询	市级平台根据数据核查和监测需求，主动请求运营商平台接口功能，完成信息收集	充电运营商平台	市级安全平台

表7-3 充电运营商平台部分接口说明

接口	接口信息	接口说明
充电站信息变化推送	接口编码定义	CSI-001
	接口名称	notification_stationInfo
	接口描述	当站点信息发生变化时，推送最新的信息通知到市级平台
	接口提供方	市级安全平台
	接口调用方	充电运营商平台
	使用模式	充电运营商平台主动上报
	调用场景	充电运营商充电站信息模型中的信息有任何变化，主动上报市级平台
	调用频率	按条件即时触发
	交互模式	请求-应答
查询充电站信息	接口编码定义	CSI-002
	接口名称	query_stations_info
	接口描述	市级平台查询充电运营商充电站信息
	接口提供方	充电运营商平台
	接口调用方	市级安全平台
	使用模式	市级平台查询
	调用场景	市级平台根据业务需求查询充电运营商充电站信息
	调用频率	定时触发或按条件即时触发
	交互模式	查询-应答

续表

接口	接口信息	接口说明
设备状态变化推送	接口编码定义	CSI-003
	接口名称	notification_stationStatus
	接口描述	当设备状态发生变化时，推送最新的信息通知到市级平台
	接口提供方	市级安全平台
	接口调用方	充电运营商平台
	使用模式	充电运营商平台主动上报
	调用场景	充电运营商设备状态信息模型中的信息有任何变化，主动上报市级平台
	调用频率	按条件即时触发
	交互模式	请求-应答
设备接口状态查询	接口编码定义	CSI-004
	接口名称	query_stations_status
	接口描述	市级平台查询充电运营商设备状态信息
	接口提供方	充电运营商平台
	接口调用方	市级安全平台
	使用模式	市级安全平台查询
	调用场景	市级安全平台根据业务需求查询充电运营商设备状态信息
	调用频率	定时触发或按条件即时触发
	交互模式	查询-应答
查询充电统计信息	接口编码定义	SST-001
	接口名称	query_station_charge_stats
	接口描述	市级安全平台定期获取充电运营商每个充电站的充电统计信息
	接口提供方	充电运营商平台
	接口调用方	市级安全平台
	使用模式	市级安全平台查询
	调用场景	市级安全平台定期获取充电运营商每个充电站在某个周期内的充电统计信息
	调用频率	定时触发或按条件即时触发
	交互模式	查询-应答

续表

接口	接口信息	接口说明
查询放电统计信息	接口编码定义	SST-002
	接口名称	query_station_discharge_stats
	接口描述	市级安全平台定期获取充电运营商每个充电站的放电统计信息
	接口提供方	充电运营商平台
	接口调用方	市级安全平台
	使用模式	市级安全平台查询
	调用场景	市级安全平台定期获取充电运营商每个充电站在某个周期内的放电统计信息
	调用频率	定时触发或按条件即时触发
	交互模式	查询-应答
过程推送信息	接口编码定义	CPC-002
	接口名称	notification_bmsInfo
	接口描述	当运营商平台有充放电电池数据过程信息时，推送最新的信息通知到市级平台
	接口提供方	市级安全平台
	接口调用方	充电运营商平台
	使用模式	充电运营商平台主动上报
	调用场景	充电运营商平台有充放电电池数据过程信息时，主动上报市级平台
	调用频率	按条件即时触发或定时触发
	交互模式	请求-应答
……		

学习任务 7.2　机械式停车场充电系统安装标准

7.2.1　基本要求

停车场充电系统的充电设备、供电系统、监控系统、选址与消防和竣工验收等要求如表 7-4 所示。

表 7-4 停车场充电系统安装技术要求

项目			技术要求
充电设备			①充电设备应满足标准 GB/T 18487 的要求。 ②传导式充电设备充电用连接设置应满足 GB/T 20234—2015 的要求。 ③非车载充电机应满足 NB/T 33001—2018 的要求，通信协议应满足 GB/T 27930—2015 的要求。 ④交流充电桩应满足 NB/T 33002—2018 的要求。 ⑤涉及贸易结算的交流充电桩应满足现行国家检定规程 JJG 1148—2018 的要求。 ⑥涉及贸易结算的非车载充电机应满足现行国家检定规程 JJG 1149—2018 的要求。 ⑦无线充电设备应满足 SZDB/Z 150—2015 的相关要求。 ⑧电源进线宜采用阻燃电缆，电缆敷设按本建筑内相应线缆敷设要求，充电设施上一级配电装置相应配电回路加装漏电保护装置，漏电保护电流应不大于 30 mA。 ⑨室外的充电设备宜采取必要的防雨、防尘措施；充电设备应在视频监控范围之内。 ⑩充电设备安装应满足下列要求： a. 竖直安装于与地平面垂直的墙面，墙面符合承重要求，充电设施固定可靠； b. 设备安装高度便于操作，设备人机界面操作区域水平中心线距地面宜为 1.5 m； c. 防护等级低于 IP67 的充电设备内部元器件离地面距离应不小于 400 mm。存在水淹风险的充电站内，充电设备内部的电气元器件距离地面应不小于 400 mm。如不能满足，则需有 IP67 的防护等级或浸水检测断电装置，以确保设备和人身安全
供电系统	一般规定		①充电设施的供电系统应符合 GB 50052—2009 的规定。 ②充电设施应视为三级负荷。 ③充电设施低压供电半径应满足末端电压质量的要求
	电源配置		①新建住宅小区在设计安装变压器时应考虑预留充电设施接入容量。 ②充电设施宜就近接入公网变压器或用户自有变压器低压侧。 ③现有停车位配建充电设施应考虑变压器容量，用电高峰时变压器负载率不应超过 80%。 ④接入充电设施造成配电变压器过载运行时，应采取技术手段加以改善，宜优先考虑对充电功率和充电时间段进行优化控制，必要时进行配电设施增容改造，增容时应结合周边负荷发展，适当留有裕度。 ⑤新建充电设施应根据规模在配电室预留专用馈线开关。开关额定电流不应超过 400 A，当负荷电流大于 400 A 时，应另增加开关。 ⑥单相交流充电桩接入系统时应满足三相平衡的要求
	供电线路		①新建停车场应将低压电源引至充电车位附近，并设置配电箱，配电箱至充电设备应预留电缆路径。 ②充电设备宜采用单独供电线路，不宜与其他设备共用一条线路。 ③电力电缆截面的选择应符合 GB 50217—2018 的规定，考虑安全性宜提高等级；主干线宜具有较强适应性，应结合充电设施负荷计算结果，按照远景目标一次选定，留有一定的裕度。 ④低压配线的接线和相序等应符合 GB 50575—2010 的相关要求

续表

项目		技术要求
监控系统		①充电监控系统应具备下列数据采集功能：采集充电设备的工作状态、故障信号、电压、电流和电能量。 ②充电监控系统应实现向充电设备下发控制命令、遥控启停、校时、紧急停机等控制调节功能。 ③充电监控系统应具备下列数据处理与存储功能： a. 充电设备的越限报警、故障统计等数据处理功能； b. 充电过程中的数据统计等数据处理功能； c. 对充电设备的遥测、遥信、遥控、报警事件等实时数据和历史数据的集中存储和查询功能。 ④充电监控系统宜具备操作、系统故障、充电运行参数异常、动力蓄电池参数异常等事件记录能力。 ⑤充电监控系统应提供图形、文字、语音等一种或几种报警方式，并具备相应的报警处理功能。 ⑥充电监控系统应具备对设备运行的各类参数、运行状况等进行记录、统计和查询的设备运行管理功能。 ⑦充电监控系统宜根据用户需要定义各类日报、月报及年报，实现报表管理功能，并实现定时或召唤打印功能。 ⑧充电监控系统可根据需要规定操作员对各种业务活动的使用范围和操作权限，实现用户管理和权限管理功能。 ⑨充电监控系统可以接受时钟同步系统对时，以保证系统时间的一致性
防雷接地		①充电设施的接地应符合 GB/T 50065—2011 及 GB/T 50064—2014 的规定。 ②充电设施的低压接地系统宜采用 TN-S 系统。 ③充电设备保护接地端子应可靠接地，接地电阻值应不高于 4 Ω。 ④户内安装的充电设备，应利用建筑物的接地装置接地；户外安装的充电设施宜与就近的建筑或配电设施共用接地装置。 ⑤充电设施应设置防雷装置，能够防雷电感应及防闪电电涌侵入，防雷装置应符合 SZDB/Z 29.2—2015 中 9 的规定，防雷装置竣工检测应符合 SZJG 28.1—2018 的规定
消防与选址	选址	①充电设施的选址宜充分利用就近的供电、消防及防排洪等公用设施。 ②充电设施的选址应满足电源接入的要求。 ③选址不应靠近有潜在火灾或爆炸危险的地方。当与有爆炸或火灾危险的建筑物毗连时，应符合 GB 50058—2014 的规定。 ④选址应满足噪声对周围环境的要求。 ⑤充电设施不宜设在多尘或有腐蚀性气体的场所，当无法远离时，不应设在污染源盛行风向的下风侧。 ⑥充电设施不宜设在有可能积水的场所。 ⑦充电设施不应设在有剧烈振动的场所。 ⑧充电设施不宜设在修车库内。 ⑨充电设施的选址应选取消防救援力量便于到达的场所

续表

项目		技术要求
消防与选址	消防	①汽车库、停车场的分类、耐火等级、安全疏散和消防设施等要求应符合 GB 50016—2014 和 GB 50067—2014 的相关要求。 ②充电设施供电系统的消防安全应符合 DL 5027—2015 的相关要求。 ③电缆防火与阻止延燃应符合 GB 50217—2018 第 7 章的相关要求。 ④充电设备及供电装置应有明显的电源切断装置，发生火灾时，应能够将电源切断。 ⑤新建汽车库内配建的充电设施在同一防火分区内应集中布置，且应符合以下规定： 　a. 布置在一、二级耐火等级的汽车库的首层、二层或三层；设置在地下或半地下时，宜布置在地下车库的首层，不应布置在地下建筑的四层及以下； 　b. 设置独立的防火分区，每个防火分区的最大允许建筑面积应符合以下规定： | 耐火等级	单层汽车库面积/m²	多层汽车库面积/m²	地下汽车库或高层汽车库面积/m²
---	---	---	---
一、二级	1 500	1 250	1 000	 　c. 每个防火分区采用耐火极限不小于 2.00 h 的防火隔墙或防火卷帘、防火分隔水幕与其他防火单元和汽车库其他部位分隔。采用防火分隔水幕时，应符合 GB 50084—2017《自动喷水灭火系统设计规范》的相关要求； 　d. 防火隔墙上需开设相互连通的门时，应采用不低于耐火等级为乙级的防火门； 　e. 地下、半地下和高层汽车库内配建分散充电设施时，应设置火灾自动报警系统、排烟设施、自动喷水灭火系统、消防应急照明和疏散指示标志。 ⑥既有建筑内配建的充电设施宜符合本规范条 5.2.5 的规定。未设置火灾自动报警系统、排烟设施、自动喷水灭火系统、消防应急照明和疏散指示标志的地下、半地下和高层汽车库内不得配建分散充电设施。 ⑦集中布置的充电设施区域应依据 GB 50140—2005 的规定，按照"严重危险级"配置灭火器，宜选用干粉灭火器。 ⑧室外充电设施宜与就近建筑物或汽车库、停车场共用消防设施
竣工要求		①充电设施建设完工后，建设单位应自行或委托第三方专业技术机构对其进行现场技术确认工作，重点验收充电设施产品质量、施工质量、电气安全、计量系统、电能质量等指标，以及与整车充电接口的互操作性、通信协议的一致性。 ②充电设施与其依托配建的建筑共同建设完工时，应一同验收。 ③充电设施新建供电系统的验收应取得供电部门开具的受电工程竣工证明文件。 ④充电设施配电部分应满足 GB 50575—2010 的相关要求；充电设施文档资料验收应符合 NB/T 33004—2013 第 8 章的相关要求；充电设备应符合 GB/T 18487 的相关要求；充电连接装置应符合 GB/T 20234—2015 的相关要求；充电接口互操作性应满足 GB/T 34657—2017 的相关要求；通信协议一致性应满足 GB/T 34658—2017 的相关要求；非车载充电机应符合 NB/T 33001—2018 的相关要求，交流充电桩应符合 NB/T 33002—2018 的相关要求；非车载充电机计量应符合国家计量检定规程 JJG 1148—2018 的要求，交流充电桩计量应符合国家计量检定规程 JJG 1149—2018 的要求。

续表

项目	技术要求
竣工要求	⑤工程验收时无法现场测试的项目可由制造单位提供经国家权威部门认可的检验检测机构出具的检验报告或者试验报告进行验收，工程验收工作组可根据需要和现场条件进行抽测。 ⑥充电设备总接地连接到建筑物接地装置上的过渡电阻不应大于 0.2 Ω。 ⑦竣工验收应符合下列要求： a. 项目的文档资料齐全； b. 所有软、硬件设备型号、配置、数量和技术参数均满足项目合同等技术文件的要求。 ⑧自用充电设备使用者在安装前应向物业管理单位提供充电桩产品质量报告、安装线缆型号说明、安装人员资质，并在投入使用前与物业管理单位签订安全责任书，保障公共场所内自用充电桩的安全

7.2.2 安全管理与日常检巡查

1. 安全管理

停车场充电站安全管理应遵循以下原则：

（1）充电设施的安全生产责任主体为其权属人（包括自用充电设备）。权属人可以委托第三方（包括但不限于运营企业、物业企业）对充电设施进行管理并签订安全生产管理协议。

（2）充电设施安全生产责任主体应建立健全管理制度及安全规范，设置安全管理组织，配备专职的安全员，运营各环节应明确安全责任人，将运营服务安全管理贯穿于运营服务全过程。

（3）建立安全生产管理组织及配备管理人员。应根据实际设置安全生产管理组织或配备专职或兼职安全员，充电设施生产运营各环节应明确安全责任人，安全生产目标逐级分解落实到人。

（4）保障安全生产投入。应保障日常安全生产管理所需的费用和投入；按规定配齐安全生产基础设施设备，并保障完善、改造和维护设备设施的费用。

（5）充电设施安全生产责任主体应设置应急组织，建立突发事件应急预案，进行应急培训、演练和评估，包括火灾、车辆故障、电池破损燃烧爆炸、供电系统故障、人员触电、电池故障和设备故障等。

（6）充电设施运营企业须制定职责分明、岗位清晰、责任到位、管控有力的运营管理制度。充电设施运营企业须设立专管员、设备维护员、安全管理员等岗位。

（7）定期开展设备设施与系统运行维护。应建立设备设施定期检查和运行维护工作制度，确保充电设备、配电设备、线缆及保护装置、充电监控系统及运行管理平台的工作状态正常和可靠运行。

（8）充电设施安全生产责任主体应开展对管理人员与作业人员的安全生产教育和岗位

技能培训，使其掌握新能源汽车充电安全知识、用电安全规范、新能源汽车充电发生紧急情况的处理方法和触电急救法等，经考核合格后方可上岗。技术培训的主要内容包括：

①充电设施相关标准、规程。

②充电设施的原理、结构和性能特点。

③充电设施的运行和检修方法。

④充电设施的操作方法和安全注意事项。

⑤充电设施安全巡检及自查方法。

⑥充电设施缺陷、故障判断和事故处理。

（9）充电设施运营企业应与充电设施场地所有方签订详细的权责合同，清晰责任义务以及利益所属情况。

（10）住宅小区内不宜使用 GB/T 18487.1 中规定的模式 2 进行充电。

2. 日常检查与巡查

充电设施巡查可分为正常巡查（含交接班巡查）和特殊巡查。集中式充电设施应按值进行正常巡查，分散式交流充电桩应定期进行正常巡查；根据天气、负荷情况、设备健康情况和其他充电要求，可进行特殊巡查。

1）正常巡查

正常巡查的主要内容主要包括以下几方面：

（1）设备底座、支架坚固完好，金属部位无锈蚀，各部分接地良好，运行声音无异常。

（2）连接线接触良好，接头无过热；充电架接触良好，接触锁止机构完好。

（3）指示仪表和信号指示正常。

（4）充电桩外观、功能、安全防护等正常。

（5）监控系统显示正常，计算机等硬件运行正常，通信通道正常。

（6）安全和消防器材按规定摆放，取用方便，消防通道畅通。

2）特殊巡查

发生下列情况时，应对充电设施进行特殊巡查：

（1）台风、暴雨、冰雹等特殊天气时。

（2）设备新投运或经过检修、改造、长期停运后重新投入运行时。

（3）设备运行中发现可疑现象时。

此外，还要定期自行开展隐患排查治理，应制定隐患排查治理制度，每月定期进行电气安全、技术防控、运维操作、消防及防雷设施安全自查，积极落实整改责任，及时消除安全隐患；做好安全生产检查相应台账，以备相关主管部门检查；每年至少一次由具备充电设施检验资质的第三方检验技术机构进行安全风险辨识；应建立风险分级管控制度，确定风险等级，并制定相应的管控措施。

参考文献

[1] 崔胜民. 新能源汽车概论（第3版）[M]. 北京：北京大学出版社，2020.
[2] 李宏伟. 新能源汽车充电系统构造与检修 [M]. 北京：机械工业出版社，2020.
[3] 张世奇. 电动汽车充电系统原理与检修 [M]. 北京：化学工业出版社，2019.
[4] 麻友良. 新能源汽车动力电池技术（第2版）[M]. 北京：清华大学出版社，2020.
[5] 陈兆伟. 电动汽车充电站建设 运营 管理 维护 [M]. 北京：化学工业出版社，2020.
[6] 周志敏. 电动汽车充电站设计与运营 [M]. 北京：机械工业出版社，2019.